海のシナリオ

瀬戸内デザイン会議——4
INTER-LOCAL DESIGN CONFERENCE——4

2023 尾道・福山篇

瀬戸内デザイン会議メンバー

※尾道・福山篇開催時点（二〇二三年八月）

ファウンダー

石川康晴
Yasuharu Ishikawa
イシカワホールディングス株式会社 代表取締役社長
公益財団法人石川文化振興財団 理事長

神原勝成
Katsushige Kambara
一般財団法人神原・ツネイシ文化財団 代表理事

原 研哉
Kenya Hara
デザイナー／株式会社日本デザインセンター 代表

メンバー

青井 茂
Shigeru Aoi
株式会社アトム 代表取締役社長

青木 優
Yu Aoki
株式会社MATCHA 代表取締役社長

伊藤東凌
Toryo Ito
臨済宗建仁寺派両足院 副住職
株式会社InTrip 代表取締役僧侶

梅原 真
Makoto Umebara
デザイナー／梅原デザイン事務所 代表
武蔵野美術大学 客員教授

大原あかね
Akane Ohara
公益財団法人大原美術館 代表理事
株式会社三楽 取締役副会長

大本公康
Kimiyasu Omoto
株式会社Big Book Entertainment 代表取締役

岡 雄大
Yuta Oka
株式会社Staple 代表取締役
株式会社Azumi Japan 共同代表

加計 悟
Satoru Kake
倉敷芸術科学大学 副学長

神原秀明
Hideaki Kambara
株式会社せとうちクルーズ 取締役会長

黒川周子
Chikako Kurokawa
株式会社esa 代表取締役社長

桑村祐子
Yuko Kuwamura
高台寺和久傳 女将

小島レイリ
Reiri Kojima
芸術・文化コンサルタント

白井良邦
Yoshikuni Shirai
編集者／慶應義塾大学 SFC特別招聘教授
ひろしま国際建築祭 総合ディレクター

神 義一
Yoshikazu Jin
グローブス株式会社 代表取締役社長

須田英太郎
Eitaro Suda
scheme verge株式会社 Co-Founder
Chief Business Development Officer

角南 篤
Atsushi Sunami
公益財団法人笹川平和財団 理事長

高橋俊宏
Toshihiro Takahashi
株式会社ディスカバー・ジャパン 代表取締役社長
Discover Japan 統括編集長

長坂 常
Jo Nagasaka
建築家／スキーマ建築計画 代表

西山浩平
Kohei Nishiyama
株式会社CUUSOO SYSTEM 代表取締役社長

橋本麻里
Mari Hashimoto
公益財団法人小田原文化財団
甘橘山美術館 開館準備室長

福武英明
Hideaki Fukutake
株式会社ベネッセホールディングス 取締役会長
公益財団法人福武財団 理事長

藤本壮介
Sou Fujimoto
建築家／藤本壮介建築設計事務所 代表

松田哲也
Tetsuya Matsuda
ヒロマツホールディングス株式会社
代表取締役会長兼CEO

松田敏之
Toshiyuki Matsuda
両備ホールディングス株式会社 代表取締役社長

御立尚資
Takashi Mitachi
ボストン・コンサルティング・グループ 元日本代表
京都大学 経営管理大学院 特別教授
株式会社熟と燗 代表取締役会長

尾道・福山篇ゲスト

ビジョイ・ジェイン
Bijoy Jain
建築家／スタジオ・ムンバイ 代表

吉田挙誠
Takanobu Yoshida
株式会社せとうちクルーズ ガンツウ事業部
総支配人／元LOG事業責任者

堀部安嗣
Yasushi Horibe
建築家／堀部安嗣建築設計事務所 代表

小林史明
Fumiaki Kobayashi
衆議院議員

目次

パリンプセスト

建築

プレゼンテーション

総括

イントロダクション

海のシナリオ　原 研哉

海のシナリオ

原 研哉

デザイナー
日本デザインセンター 代表

パリンプセスト

第四回瀬戸内デザイン会議は尾道・福山篇、お題は「海のシナリオ」です。第二回のフェリー篇も「海の上は可能性の坩堝」ということで、海にまつわる議論がかわされました。今回は、フェリーなどの海の移動体を新たに構想するというより、もう少し瀬戸内全体の海の近未来に向けて、海の上の可能性を具体的に形にしていくまでのシナリオを、皆さんと一緒に議論していきたいと思っています。

今回の舞台である尾道について、「LOG」(二〇一八年)の設計者である建築家のビジョイ・ジェインさんはパリンプセスト（palimpsest）と評していました。つまり、色々なものが積層しているということです。パリンプセストは重ね書きされた羊皮紙のことで、紙が普及する以前に使われていました。文字や絵を描き、次に描く時はそれを消してから上書きする。羊皮紙は高価だったため、上書きを繰り返すことが一般的だったのです。文字や絵といった人の記憶が何層にも積み重なり、次第に昔書かれたものがジワッと滲み出てくる［図1］。内容は重なっていて読み取れないけれど、その様相は美しい。ビジョイさんは、そんなパリンプセストに尾道の街を例えていました。尾道は産業と歴史、人々の暮らしの積層が見える街ということです。

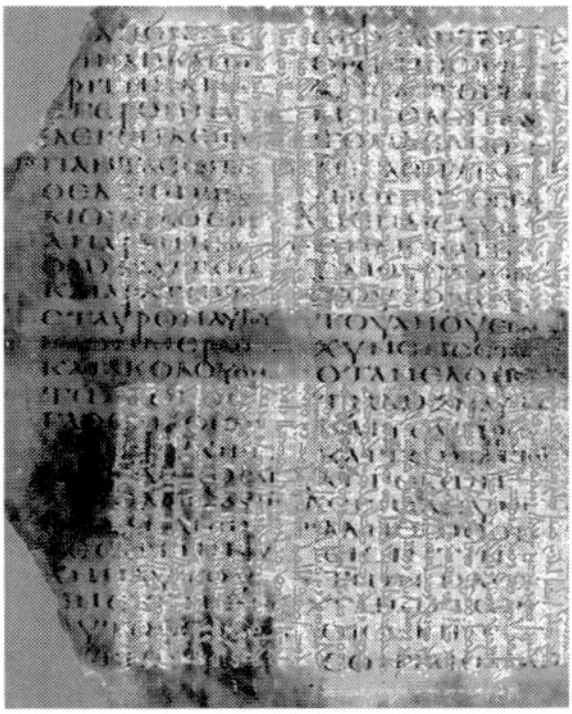
【図1：パリンプセストの例】

「LOG」を訪れてみると、街の過去と現在、未来の混在を非常にポジティブに受け止めている場所だと感じます。そして尾道の隣にある福山には、「LOG」同様、神原勝成さんが手がけられている「ガンツウ」（二〇一七年）や「ベラビスタ スパ＆マリーナ 尾道」（二〇一五年）があり、

【図2：「LOG」。客室より展望できる尾道の街並みと瀬戸内海】

未来の観光の拠点として機能し始めている。第四回瀬戸内デザイン会議では、日本列島や瀬戸内の歴史の中にどうやって新しい積層を加えていくかを考えてみたいと思っています。

僕が取り組んでいるプロジェクト「低空飛行」[＊1]でも、「LOG」を訪れました。ビジョイさんが言われる通り、色々なものが積層している独特な美しさがある。「低空飛行」が始まる前にもこの場所に立ち寄ったことがあったけれど、集合住宅の残骸のようなものがこんなホテルに生まれ変わるとは想像できませんでした。その改修をインドの建築家のビジョイさんにお願いされたという視点もとてもおもしろい。客室の窓から街

1――原研哉が日本各地に足を運んで、自身の目で選りすぐった日本の深部を紹介していくウェブサイト。場所の選定、写真、動画、文、編集のすべてを原自身が手がけることで、情報の独自性と純度を維持している。観光の解像度を上げ、新たなツーリズムに備えていく試み。

を一望すると、ビジョイさんが尾道をパリンプセストと評しているのがなんとなくわかりますよね［図2］。都市や街の美しさとは本来そういったものだと彼は言っているのだと思うのですが、まさにその様相を感じる場所だと思いました。

空の上も可能性の坩堝

次に少し視点を変えて尾道を見てみましょう。例えば、3Dトラベル、つまり自家用ジェットやヘリコプター、小型飛行機といった空の移動を用いた、富裕層をターゲットとした旅がこの数年注目されています。原デザイン研究所でもロゴやウェブサイトなどのデザインでお手伝いしている「TENKU」でもそんな話が出ています。鹿児島県霧島市にある「TENKU」は、田島健夫さんという稀有な構想家がつくった、東京ドーム一三個分の広大な敷地の中に五棟のヴィラしかないリゾート施設です［図3］。

田島さんは一泊二〇〇万円のプランをつくると言っていたのですが、最近は三泊四日で一〇〇〇万円超と、桁違いのことを言い始めています。一体どんな価値がそれに相当するのかと言うと、それが「TENKU」で提供するサービス「プレミアムスカイ（仮）」です［図4］。熊本空港や鹿児島空港な

【図3：TENKU】

ど、近隣の空港にジェットで来た人たちをヘリコプターで直接「TENKU」にアクセスさせる。また、ヘリコプターで遊覧できるエリアの飛行サービスも構想しつつ、「TENKU」をその拠点とするわけです。田島さんは実際に「TENKU」の中にヘリポートをつくってしまいました。

僕もSKY TREK［＊2］で九州を空から見て廻ったことがありますが、実際に素晴らしい体験でした。人吉球磨《ひとよしくま》や阿蘇、九重連山もいいし、天草諸島や甑島《こしきしま》などの海の方も綺麗です。それらを周遊して「TENKU」に帰ってくる。「TENKU」を拠点にして、甑島に遠足がてらランチを食べに行くなんて過ごし方もおもしろいと思います。

非常に贅沢なサービスですが、そういった田島さんの構想のヴィジュアライズをお手伝いしています。行政の人たちもそういった3Dトラベルに興味があると聞き、田島さんの構想もあながち荒唐無稽な話でもないと思うようになりました。九州全土の空の周遊サービスの他にも、「TENKU」を棟単体ではなく、東京ドーム一三個分の敷地の三分の一をプライベートゾーンとして貸すといった、プライバシーを拡張させるようなプランも田島さんは考えていました［図5］。

そんなことを考えていると、「ガンツウ」がふと思い浮かぶわけです。瀬戸

2――小型飛行機を使って二地点間をオンデマンドで移動できる、空の移動インフラ。宮城から山形、広島から島根、四国から九州など、既存の陸路の交通インフラでは時間がかかるルートを、小型飛行機では一時間程度で移動が可能になる。日本の地方・都市間の移動をサポートする、空飛ぶハイヤー。

【図4：「プレミアムスカイ（仮）」の例。歴史探訪コース】

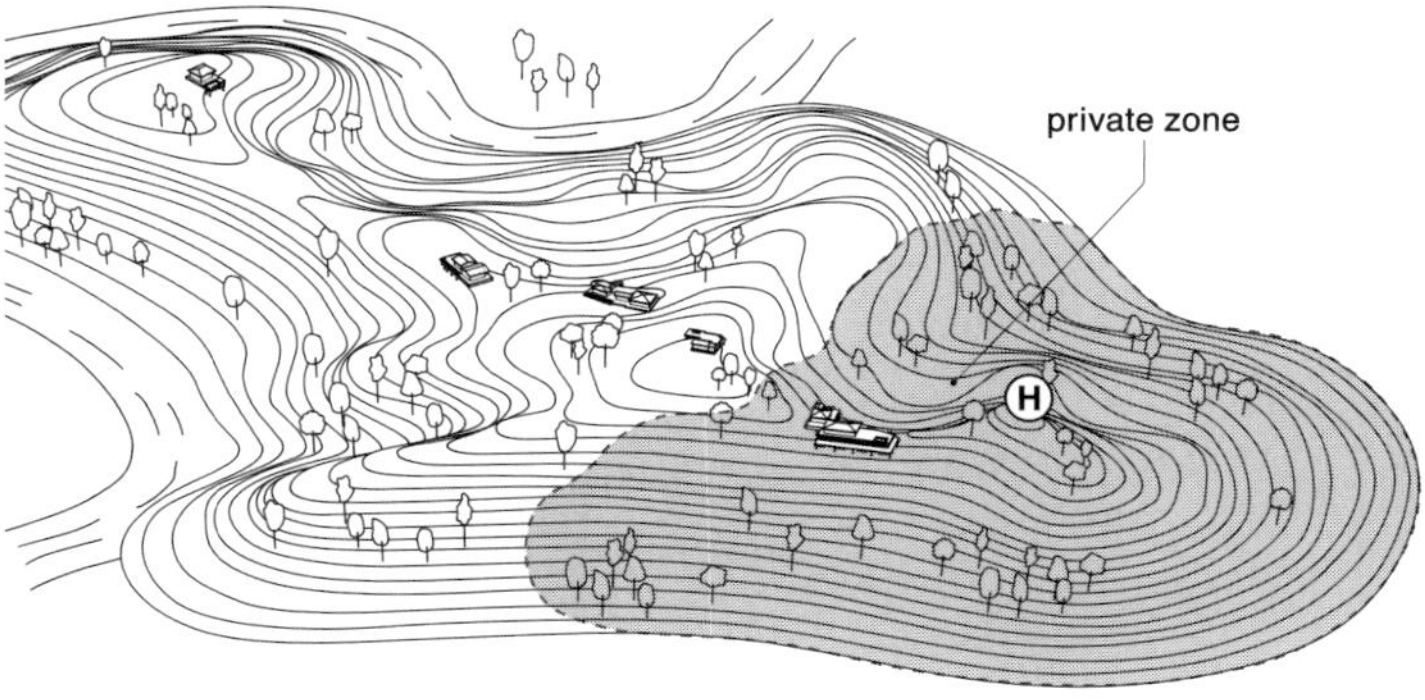

【図5：「TENKU」のゾーン貸しのイメージ】

内海では「ガンツウ」や「ベラビスタ」が拠点になって、日本の他の場所と3Dでつながることも構想できるかもしれません。ある意味で、瀬戸内ゾーン全体が新しい3Dトラベルの拠点になり得ると思いますので、海に浮かぶ六〇〇ある島々が空や海の移動を介してどんなシナリオで活性していくかを皆さんと考えてもいいでしょう。

「ガンツウ」は今も非常に順調で、移動型宿泊施設のモデルケースとして注目されています。今回の瀬戸内デザイン会議では、設計に携わった堀部安嗣さんにも登壇いただくので、実務的な誕生の裏側の話も聞きつつ、僕らが構想する「海のシナリオ」にもつなげられたらと思っています。

ワールドトラベラーの目線

日本政府の成長戦略会議の一員であり、日本の観光政策について助言し続けているデービッド・アトキンソンさんが、「日本の人件費は安い。リッツ・カールトンの従業員は、他の高級ホテ

【図6：「アマンギリ」の位置】

ルの給料の一・五倍をもらっているからあのサービスができる。日本の高級ホテルには内容がない」といったようなことを言っていて耳が痛かったです。世界のツーリズムの最前線と日本の状況を比べると、規模的にも構想的にも差異があるような気がしています。

先日、視察と旅行を兼ねてアメリカを訪れました。懇意にしている旅館のご主人と女将が、僕も知っているロスの友人と旅行するとのことで、同行したのです。その旅で、アリゾナとユタの間にある「Amangiri（アマンギリ）」を訪れました［図6］。皆さんもよく知っているアマンリゾーツのホテルです。ラスベガスから車で四、五時間くらいかかる中々行きづらい場所にあるのですが、友人が融通してくれたプライベート機で、ロサンゼルスから「アマンギリ」の近くの空港へアクセスしたため、非常にスムーズに辿り着くことができました。

「アマンギリ」はグランドキャニオンのような自然環境をホテル化しているのですが、かなりしっかりつくっていて驚きました。エイドリアン・ゼッカさん［＊3］はこの場所にある巨岩を見て、岩の周囲をプールにしたいと思い、頑張ってホテルにしたそうです［図7］。その自然の捕まえ方というか、素材の生かし方がとても上手だと思いました。こんな人里離れたところにサー

3――ラグジュアリーホテルブランド「アマンリゾーツ」の創業者であり、リゾートホテルの最高峰を提示し続けてきた第一人者。近年では新たなリゾートの価値観を提唱するホテルブランド「AZERAI」を創業。ゼッカ氏は一九五〇年代にジャーナリストとして東京に住み、箱根や伊豆の定宿に通う中で、亭主や女将などの宿の主が経営する、その土地に根ざした旅館という業態に魅せられたという。岡雄大氏と協働する「Azumi」は、ゼッカ氏による旅館の持つおもてなしの概念の拡張でもあり、「アマン」で表現してきた贅沢さとは一線を画す「豊かさの再解釈」がコンセプトとなっている。

【図7：「アマンギリ」のプール】

ビスを持ってくることは当然オペレーションも大変だと思うけれど、しっかりできている。「アマンギリ」のような風景をそっくりそのまま瀬戸内に持ってくる必要はありませんが、一つの事例として参考になるかと思います。

また、僕は仕事を持って旅する人間だから、客室内にデスクがあってとても嬉しかったです［図8］。これからの宿泊施設にはデスクのある客室が必須だと考えていたので、「アマンギリ」の客室にデスクがあった時、「やっぱりそうだよな」と思いました。休みながら仕事もできるという些細な設えも良くできている。働きながら休む、休みながら働くという

【図9：「アマンギリ」のテント型のヴィラ】

【図8：「アマンギリ」の客室内のデスク】

オンとオフが融合した人たちにとって、大きなソファがドカンとあってその横に小さなデスクがちょこっと付いていても、使い勝手が悪いわけです。

また、「アマンギリ」にもテントを用いた新しいヴィラタイプの客室がありました［図9］。日本のグランピングとは違い、本格的なツーベッドルームくらいの規模や設備がテントの下に設けられています。目の前に広がるグランドキャニオンという半端ない自然により肉薄した場所に、快適な空間をつくっていました。

このような事例に対して自然に対して不遜であるとか、単なる贅沢とか、日本のラグジュアリーはそういったものではないという見方もあると思います。しかし、日本がもし観光産業を本格的に興していくのであれば、「アマンギリ」のようなリゾートにも太刀打ちできる空間やサービス、体験などを考えていかなければいけません。海外のリゾートと同じものをつくっても仕方がないけれど、彼らなりのノウハウを横目で見ながら、瀬戸内でどうするかというシナリオを書いていく。単にユニークなホテルや旅館をちょこまかとつくるのではなく、それらがエリアの拠点となって各々が連携していくところをしっかり考えていく必要があるでしょう。

メキシコのバハ・カリフォルニア州の半島の先にある、カボ・サン・ルカスという昔からの観光都市も訪れました［図10］。太平洋とカルフォルニア湾の境目に位置する場所で、その街に新しい宿泊施設ができ始めています。そこでは「Solaz」という巨大なリゾートホテルに泊まりました［図11］。設計はメキシコの建築家ですけれど、海や光、植物の扱い方が良く、しっかりしたものができていると思いました。タワー型の海に面した客室群がある一方で、ワンフロアごとに貸すヴィラタイプの客室もあります。客室にはキッチンがついているのですが、宿泊客がここで料理をするのではなく料理人を呼び、客室内でメキシコ料理をつくってもらい皆で食べるような仕組みになっています［図12］。アメリカの観光客たちを迎え入れるリゾートとして、こういったサービスがあることを僕らも認識しておいた方がいいと思いました。

建物と海の関係としても、「Solaz」では単に浜辺でつなぐのではなく、その間にプールやジャグジーのレイヤーをかませています［図13］。日本がツーリズムで勝負するのであれば、こういったリゾートの構成や空間に対して、日本のラグジュアリーとは何か、

【図10：カボ・サン・ルカスの位置】

【図11：「Solaz」】

瀬戸内のラグジュアリーとは何かを本気で考えていく必要があると思いました。

また、この地域はマリーナが充実していました［図14］。マリーナは瀬戸内エリアの今後の展望を考える上でも一つの可能性だと思っています。第二回瀬戸内デザイン会議で松田敏之さんからも指摘があったように、日本は海の楽しみ方が上手ではありません。勿論、クルーザーやヨットを所有することが大変という面もあると思いますが、海に囲まれているにもかかわらず、海の楽しみ方がまだ成熟していないと言えると思います。他所に目を移すと、船がひしめいたリゾート地が沢山あるわ

【図13：海と連続するプール】

【図12：客室で料理人が調理してくれる様子】

けですから。

瀬戸内には本州四国連絡橋［＊4］はあるけれど、瀬戸内海での横の移動における愉楽や、空間の使い方がまだうまくできていません。勿論、クルーザーに乗って奇岩を見て楽しむことが観光として正解だとは思いませんが、瀬戸内海を巡りながらその景色の中にポツンポツンと現代建築を見て廻ることもおもしろいのではないでしょうか。

第四回瀬戸内デザイン会議、開幕

第二回瀬戸内デザイン会議で生まれた「海島」構想に関しても、今回、藤本壮介さんに発破をかけて、構想を具体化させた案を発表してもらう予定です。僕は藤本さんにいつも迷惑なことばかりをお願いしています。そこにすぐ対価が発生するわけではないけれども、未来において何かが生まれるのではないかという可能性に共鳴して応えていただいています。今回も藤本さんの新しい提案を見ながら、そこに海洋研究所をつくったらいいじゃないか、コンベンション施設でもいいかもしれないなど、その提案に皆さんと肉付けしながら議論できたらと考えています。

【図14：カボ・サン・ルカスのマリーナ】

4——本州と四国を結ぶ三本の高速道路（瀬戸中央自動車道、神戸淡路鳴門自動車道、西瀬戸自動車道）と一本の鉄道（瀬戸大橋線）を指す。

改めて、今回のお題は「海のシナリオ」です。ゲストスピーカーの方々から刺激的なプレゼンテーションをしていただけると思いますので、それぞれのセッションを聞きながらチームごとに「海のシナリオ」という瀬戸内海の近未来ヴィジョンとあらすじを考えていただければと思います。僕がイントロダクションで紹介したアメリカの事例とはまったく違う方向や、ピカピカした建築ではなく既存の建物をどうやって再利用していくのかという視点も重要でしょう。神原さんが手がけた尾道や福山のプロジェクトを実際に見学したり、長坂常さんが取り組んでいる倉敷のプロジェクトについて解説いただいたり、梅原真さんから「全然ちゃうぞ。これだから本校はあかん」という話を聞きながら、皆で海のシナリオを描いていきたいと考えています。

この本の見方

二〇二三年八月十九～二十一日

第四回　瀬戸内デザイン会議

議題　海のシナリオ

参加者をチーム分けする

チームA　西山浩平＋伊藤東凌＋梅原 真＋桑村祐子＋小林史明＋神 義一＋角南 篤＋橋本麻里＋原 研哉

チームB　須田英太郎＋青井 茂＋大本公康＋神原秀明＋黒川周子＋白井良邦＋高橋俊宏＋長坂 常＋松田哲也＋神原勝成

チームC　小島レイリ＋青木 優＋大原あかね＋岡 雄大＋福武英明＋藤本壮介＋松田敏之＋御立尚資＋石川康晴

→ ゲストを交えたワークショップ

イントロダクション

歴史｜オリエンテーション：橋本麻里
尾道視察｜フィールドワーク

建築展｜セッション
ゲスト：神原勝成

パリンプセスト｜セッション
ゲスト：ビジョイ・ジェイン（プレゼンテーション：吉田挙誠）

建築｜セッション
ゲスト：堀部安嗣

海島｜セッション
ゲスト：小林史明

それからの倉敷｜報告：大原あかね＋藤本壮介＋長坂 常＋岡 雄大
「蔵宿いろは」改修計画：急｜報告：松田哲也

各チームのプレゼンテーション
チームA 発表
チームB 発表
チームC 発表

総括

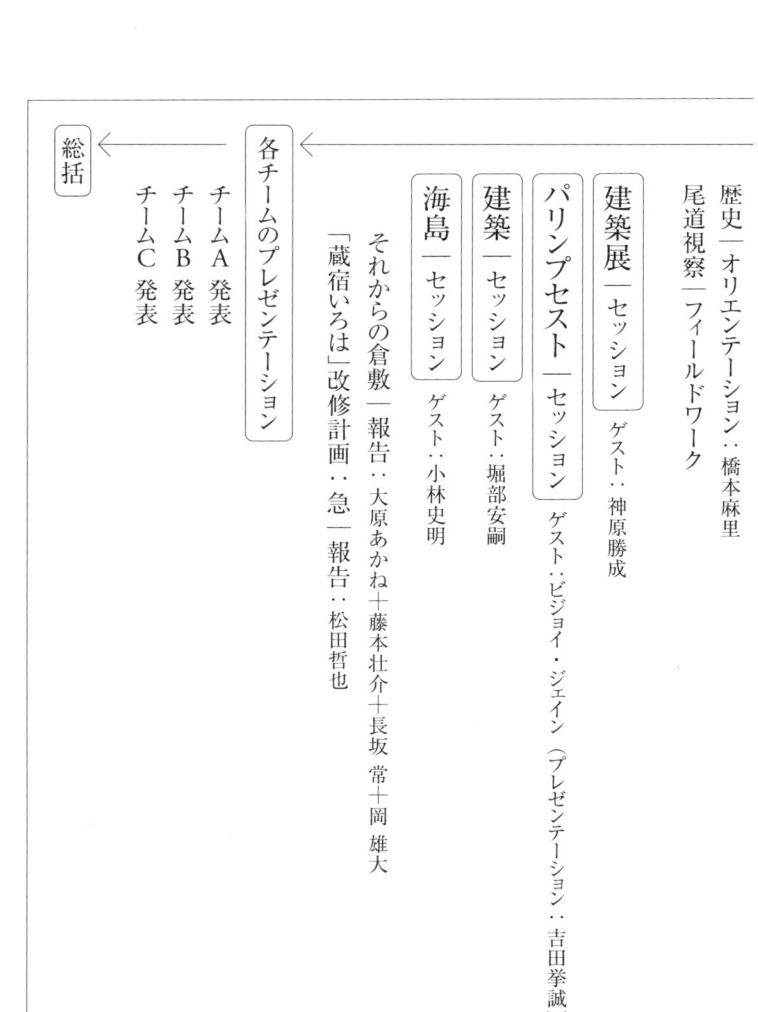

歴史

オリエンテーション
瀬戸内の中世
橋本麻里

瀬戸内の中世

橋本麻里
公益財団法人小田原文化財団
甘橘山美術館 開館準備室長

自治都市、尾道

今回の歴史オリエンテーションは、尾道と福山についてですが、時系列の通史ではなく、時代を中世に絞ってお話ししようと思います。

前回の瀬戸内デザイン会議の舞台は倉敷でした。その時のオリエンテーションでも解説しましたが、倉敷とはそもそも地名ではなく、荘園から様々な貢納物や農作物、織物、商品作物などを出荷する際に、物資を一旦集めて保管するための倉が置かれた場所「倉敷地」を語源とします。倉敷地は日本各地にありましたが、現在まで地名として残った代表格が、岡山県の倉敷、というわけです。

第四回瀬戸内デザイン会議の舞台である尾道も倉敷地でした。例えば鞆《とも》の浦《うら》の名は、万葉集に既に見えているように、この地域にはかなり早くから人が住み、商業活動を行っていたようです。尾道が歴史上に姿を現すのは、その少し後。平安時代末期となる一〇八一年、『西國寺文書』には「尾道浦」として、尾道の名が記されています。京から遠く離れた地方でも、貴族や寺社の荘園となることで、公文書に記録され、その活動が知られるようになっていくのです。

平安時代末期の尾道は、後白河院を本家とする備後国太田荘という荘園でしたが、一一六九年に高野山へ移譲されます。この時、高野山の領内から送られるものを保管・中継する倉敷地として認可を受け、尾道開港となりました。主に扱っていたのは米で、年間四六〇〇俵ほどあったそうです。それを高野山の総倉敷となる紀伊湊《きのみなと》に送り、筑紫や遠江の荘園から運ばれる年貢と合わせ、川を遡って高野山政所へと運び込んだのです。倉敷地には海上輸送を担う「問《とい》」「問丸《といまる》」「楫取《かじとり》」など様々な海運業者がひしめき合い、平安時代末期から鎌倉時代にかけて富が蓄積されていくうちに、尾道は中世瀬戸内海中央部随一の港町として繁栄していきました。

こうした倉敷地にも当然、土地の領主の支配は及ぶが、そこで活動する運送業者たちは、それぞれ出身地の領主に従う身です。もとからの住民に加え、彼ら複数の地域からやってきた運送業者たちが混在して居住する状況によって、人と土地に対する支配の混在性が高まることで、各領主の支配権は弱体化、住民の自治権は強まっていきました。中には豪商たちが自治的な共同体組織をつくり、日本の都市史上では珍しい自由都市的な発展を遂げた堺（現在の大阪府堺市）のような例がありますが、博多、桑名、淀、大山崎、大津、敦賀など、倉敷地から出発し、現在も栄えている港町は、同様の自治的な気風を持つ町が多かったと思います。

その後、戦国時代後半になると、それらの土地は戦国大名の支配を受け、中世の自治都市とはまた少し姿を変えながら、近世城下町へと変貌していきます。

遣明船で栄えた尾道

尾道は、室町時代に遣明船［図1］の重要な寄港地でもありました。遣明船とは一五世紀から一六世紀にかけ、一九次にわたって日本から中国・明に送られた船団です。京都、兵庫から尾道がある瀬戸内海を通り、赤間関や博多を経由して、明へ渡って行きました。その目的は、日本政府が朝貢《ちょうこう》の形式をとっ

【図1：遣明船（『真如堂縁起絵巻』上巻より）】

て公に行う貿易です。明は建国後まもなく海禁政策を敷き、諸外国との貿易は朝貢に限って許されていたため（禁令の緩和、再強化など時期によって異なる）、このような形式の貿易となったのです。

形式上は朝貢船ですから、正使は正式の外交代表（京都五山の僧侶を任命）です。当初は足利幕府直営でしたが、その政治力・経済力が弱まるにつれ、細川氏や山名氏のような有力守護大名、あるいは天龍寺のような京都の社寺が資金を出し合って船を仕立て、明へ遣わすようになりました。

朝貢貿易は、明という宗主国に臣従する日本が、貢納品を献上に行く、という体裁をとります。ただし臣下が一を持っていくと、宗主は五を返すという回賜《かいし》貿易でした。さらに乗員が行う公貿易および私貿易もあります。遣明船には瀬戸内海の一〇〇〇石積以上の規模の商船を転用しており、一回の渡航船は三～九隻、三年に一度くらいの割合で渡航し、乗員は一船一五〇～二〇〇人ほど。そのうち外交使節・水夫が合わせて四〇～九〇人程度で、残りは船団に従う従商人だったとされています。

この遣明船を介した日明貿易によって様々な文物が日本と中国の間を行き来しました。日本からは馬や刀剣、硫黄、屏風、扇などが輸出されましたが、中国からの対価で何より重要だったのが「銅銭」です。当時の日本では貨幣の鋳造を行っておらず、国内で流通する通貨は、すべて明からの輸入に頼っていました。あるいは生糸、そしてその中の最上の上澄みとして後に「東山御物《ひがしやまごもつ》」[*1]と称えられるようになる、中国の書画や工芸品も入ってきます。

遣明船には様々な人が乗り込みましたが、その中には皆さんもよく知る雪舟《せっしゅう》がいました。絵描きである雪舟は何のために乗っていたのでしょう。外交代表のお坊さんとして、ではありません。雪舟は五山の僧侶としてはエリート街道を歩めず、山口の大内氏に画僧として仕えるようになって、芽が出たタイプ。遣明船に同行したのは記録役、また文化交流における画部門担当として、だったと考えられています。

このような船団が寄港する尾道には、その度に大きな経済効果がもたらされたことでしょう。

自然発生的に生まれた日本の中世都市

さて、尾道が瀬戸内海随一の港町として栄えている横で、福山はどうだったのか。規模でいえば尾道には負けますが、日本の歴史学、特に中世の考古学におけるインパクトでいえば、勝ってしまうかもしれません。なぜなら福山

1――室町幕府三代将軍の足利義満と六代の義教が収集し、八代将軍義政が名品として制定した絵画、茶器、花器、文具などの呼称。

には、「日本のポンペイ」こと草戸千軒町遺跡があるからです。
日本における中世（都市）三大遺跡と言えば、湊町なら草戸千軒町遺跡（広島県福山市）、山城なら一乗谷朝倉氏遺跡（福井県福井市）、そして境内都市なら根来寺遺跡（和歌山県岩出市）の三件にまずは指を屈するでしょう。湊町は草戸、山城は一乗谷とこの二つは確定だと思いますが、寺の境内が都市化したとする「境内都市」に関しては、様々な見解があります。とは言いながら、私と同じく根来寺と考える人も半分くらいはいるかと思います。

まず、この中世都市とは何なのかについて、お話ししてみましょう。「都市」はヨーロッパを中心に育まれた考え方でした。その条件として、一般的には以下の四点が挙げられます。

・都市全体を城壁が囲む
・外部との通路は城門のみ
・都市の中心部には広場があり、教会と市庁舎が建つ
・独自の都市法を都市自体が持つ自治団体である

ヴェネツィア、ミラノ、アントワープ、パリなどが中世頃にはこのような形態をとるようになりました。またケルンのように、古代から司教座が置かれた宗教都市も、中世になると商人たちを引き入れ、中世的な都市へと拡張していきます。このようにヨーロッパの都市についてははっきりした定型的な形態があるのですが、日本の中世都市にはそういった明快な形態がないと、長らく日本の都市史あるいは中世史の領域で言われてきました。

日本でも、古代都市と近世都市には明快な典型があります。古代都市なら「都城」。藤原京、長岡京、平城京、そして平安京などは、古代中国の都市をモデルとした矩形＝グリッド状のプランが特徴です。ただし完全なコピーではなく、中国の場合には必ずある、都市を囲む外壁「羅城」などは日本ではつくられていません。

近世都市については、城下町という同心円状の形式がありました。中央に城なり武士の館を設け、その周りに同じ武士の階級の人々が住む武家地があり、その外周に町人地、更に外周を寺が囲んでいるという同心円状の都市です。グリッド状の都城、同心円状の城下町、これが日本における古代と近世の典型的な都市形態です。その間にある中世都市は、形がはっきりしないと言われてきました。あるいは過渡期的な形態は見られるが、それを中世都市と定義するまでには至らないと、日本の中世史では考えられてきたのです。

そこに「中世都市にも色々な形態があり、何なら典型があると言ってもいいのではないか」と提言したのが、建築史家の伊藤毅さんです。伊藤さんは日本の中世都市には二つの典型があると分類しました。一つは境内型です。寺社や武家の館などを中核に、同心円的な空間をつくっている。たとえば門前町や寺内町がそれにあたります。寺内町とは山科本願寺のような、あるいは先ほど言及した根来寺のような、寺の境内地とその周辺部が都市的なスケールを持つタイプです。こういった空間を、建築のスケールに落とし込んだものが、塀や門で囲まれた武家屋敷のような建築です。

もう一つの類型が町です。これは歴史学の中で「町」といわれる術語としての町で、世の中一般で言われる町や村とは少し違う語句として覚えておいてください。町は、道や川などの線的な軸に沿って様々な建物要素が並んで形成される、線形集合の空間です。例えば、尾道や福山、あるいは草戸千軒がまさにこの町です。湊町、市場町、宿場町が典型的です。こういった形式の空間が建築のスケールになると、道路に面して線状に並ぶ、接道型の町家建築になります。

伊藤毅さんは境内型、町型の二典型を挙げています［図2］。これらは古代でいう都城の条坊制や近世でいう城下町の町割といった、グリッドを敷いた計画とは相反するものです。近世の城下町は同心円と言いましたが、同心円の中の町割はグリッドで行っています。つまり、都城や城下町は、何らかの権力主体による計画がまずあり、それに従って、あたかもグリッドをかぶせるようにつくられる。

一方中世都市は、そうではない。中世はそもそも権力主体が非常に多様になっていました。天皇家、上皇などの院家、寺社勢力、武家など、多様な権力主体が拮抗しあいながら、国の権力構造をかたちづくっており、抜きん出た専制的な権力者はいなかったのです。そのため、都市全体を統御する権力主体が不在となり、グリッドは形成されないまま、自然発生的な都市の原型が保たれ、目に見える形として表れていった。それが日本の中世都市ではないかと伊藤さんは論じています。

そんな都市の盛衰を、伊藤さんは以下のような図で表現しています[図3]。図中の実線がいわゆる都市史で言われてきた都市形態の発展です。古代に都城（グリッド）ができ、徐々に古代的な秩序が崩れていくことで都城が崩壊して、中世都市が生

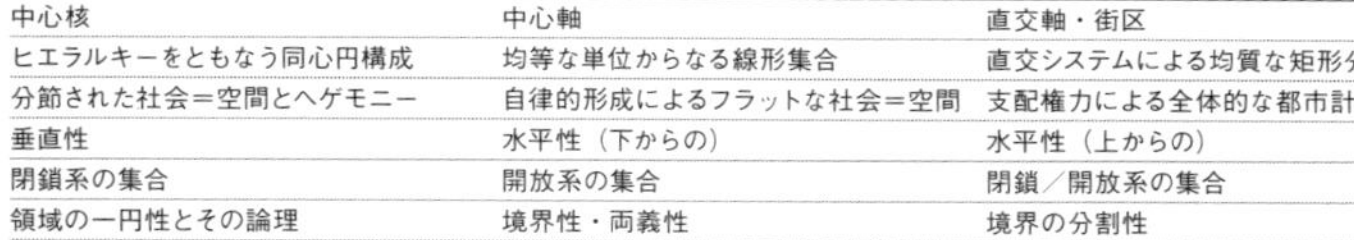

中心核	中心軸	直交軸・街区
ヒエラルキーをともなう同心円構成	均等な単位からなる線形集合	直交システムによる均質な矩形分割
分節された社会＝空間とヘゲモニー	自律的形成によるフラットな社会＝空間	支配権力による全体的な都市計画
垂直性	水平性（下からの）	水平性（上からの）
閉鎖系の集合	開放系の集合	閉鎖／開放系の集合
領域の一円性とその論理	境界性・両義性	境界の分割性
定着性	流動性	分布性
拡大家産性	脱家産性	制度的家産性
非接道型建築	接道型建築	街区型都市建築
宗教都市（寺内町・門前町・宗教都市領域）	交易都市（市町・宿町・港町）	都枠・城下町

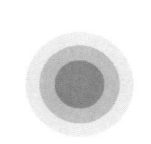

【図2：境内・町・グリッドの空間タイプの比較】

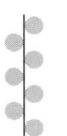

まれる。都市としては未成熟だった中世都市は、近世に向かって統一権力が現れてくると、再び権力によってコントロールされたグリッドを含む、同心円状の城下町を形成していく。これが従来の都市についての考え方でした。

伊藤さんは自然発生的な中世の都市を頂点に置く考え方で、これは図中の破線にあたります。境内と町の形成は古代から起こっているけれど、それはあまりはっきりと目に見える形ではありません。あるいは都市のレベルまで達していない。それが中世に至って、大規模な港町や、複合的な宗教都市領域が形成され、ヨーロッパにおける都市の定義による、「都市」的と呼べるような空間となっていきました。その後、戦国期城下町が形成されることによって、こういった中世的な形態の都市はどんどん消えていってしまったのです。

中世社会のイメージを変えた草戸千軒町遺跡

そんな中世（都市）三大遺跡である、草戸千軒町遺跡について

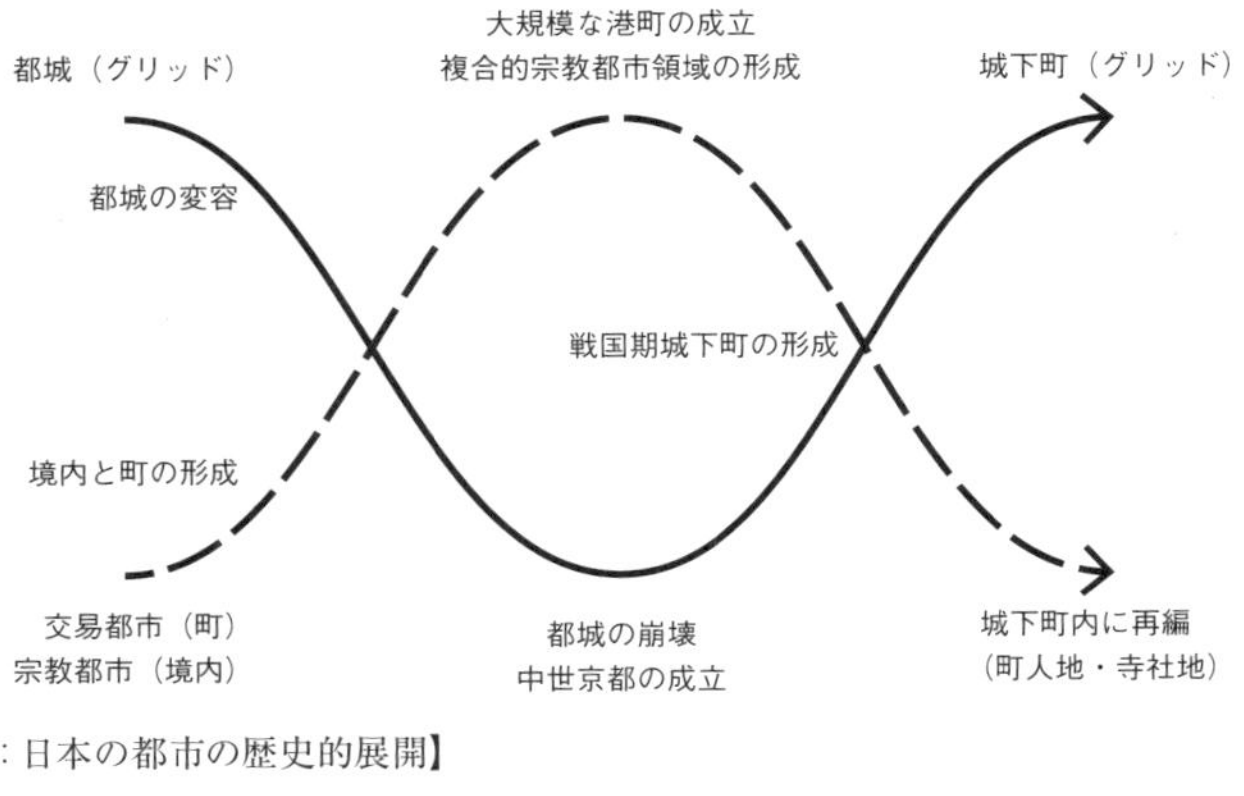

【図3：日本の都市の歴史的展開】

見てみましょう。発掘が始まったのは一九六一年から、草戸千軒町遺跡調査研究所は二〇二三年、開設五〇周年を迎えました。この遺跡は、福山駅のすぐ近く、芦田川の中洲にあります［図4］。元から中洲だったわけではなく、当時は陸。今のように護岸工事を行って、川の流域を管理していたわけではないため、その流路は頻繁に変わり、扇状地を形成していきました。そこに町が、あるいは都市が生まれたのです。

草戸千軒町遺跡で発見された人の痕跡がいつ頃からあったものかというと、平安時代の初め、九世紀から一〇世紀頃になります。ですが平安初期の遺跡と、中世に発展していく草戸千軒町とはどうも関わりがないようです。人間が活動していたことは確かなのですが、何をやっていたのか、どういう地域だったのかは不明で、それほど大きなエリアでもなかったようです。この場所がはっきり町、あるいは都市として形を成していくのは一三世紀中頃のこと。そこから一四世紀、一五世紀と活動が続き、最終的に一六世紀の初めに廃絶します。

川の中洲に町があったらしいという伝説は、不確かな形で江戸時代から知られていました。江戸時代には「洪水で沈んだ」という言い方がされていましたが、あくまで伝説上の話で、実際はそれほどドラマティックな話ではあ

【図4：中洲にある草戸千軒町遺跡】

りません。

　そんな前史を踏まえ、実際に遺跡の発掘にまで至ったのは二〇世紀になってからでした。なぜ発掘が行われたかというと、町の発展に従って芦田川を治水しなければならなかったからです。この中洲の一部を削り取ったり、川の河口に堰をつくる必要がある。そうした工事を行えば、当然遺跡は埋もれ、あるいは破壊されてしまいます。そこで、開発と一体で遺跡の調査も行うことになりました。それが一九六一年になります。

　その後、発掘調査が続けられ、中国産の陶磁器や銅銭、木簡、墓地や井戸など様々なものが見つかり、この場所でどのように人々が暮らしていたのかがわかっていったのです。広島県歴史博物館改め、ふくやま草戸千軒ミュージアムでは、当時の町を再現した原寸大のジオラマが展示されていて、実際に建物の中に入って見ることもできますので、ぜひ行ってみてください［図5］。

　例えば見つかった木簡から、商業に関わる人々、特に金融業者が多かったことがわかっています。出土品のひとつに、「今倉殿」と書かれた一五世紀前半の木簡があります。今倉殿は「土倉」のような貸金業者を指していると考えられ、そういった金融業者が地域から税金を徴収し、国に対して収める代行業をやっていたのではないかと言われています。

【図5：ふくやま草戸千軒ミュージアムで、当時の町を再現した原寸大のジオラマ】

また素焼きの土器も見つかっています。この時期は皆さんもご存じのように、瀬戸、常滑、越前、備前といった六古窯が活動しています。硬く焼き締めたり、あるいは釉薬《ゆうやく》をかけた焼き物が既に焼かれ、流通した時代です。ところが草戸千軒町遺跡では、より低火度で焼かれた土器が大量に見つかる。当初はそれらが日常の食器だったのではないかと思われていました。何らかの形で捨てられた食器が発掘されて見つかる場合、一般的には壊れていることが多いものです。当たり前ですが、壊れたからこそ捨てるのですから。

ところが興味深いことに、それらをよく見ると壊れていない。更に、一度に多くの土器が捨てられていることがわかりました。そして、捨てられていた場所も溝や池、施設、あるいは井戸だというのです。それまで実用に供していた施設を廃棄して埋め戻す時、壊れていない土器を一度に埋めている。つまり、呪術的な儀式が行われていたと推察されるわけです。そういった呪術的な儀式、非日常的な儀礼、あるいは特別な宴会の際に、特別な土器を使い、一度限りの使用で埋めてしまうことが行われていたのではないか。現在ではそのように考えられています。

それなりに大きな遺跡ですが、同時代の尾道のような都市ではありません。しかしこの場所に、明石や常滑、瀬戸など、日本各地から焼き物が集まってきました。中国や朝鮮半島、東南アジアでいえばベトナムあたりの海外の陶磁器も持ち込まれています。特別な上流階級、富裕層でもない人たちがそれらの焼き物を使っていたことが、この町の調査を通じてわかってきています。

この事実がなぜ重要かというと、調査が始まる前の一九五〇年代まで、中世の日本社会はあくまで農業を基盤として、分割されたそれぞれの荘園、公領単位ごとに自給自足が行われた社会だと考えられてきました。閉鎖的な小さいユニットが幾つも連なる社会が想像されていたわけです。ところが草戸千軒町遺跡の発掘調査を通じて、生活物資の動きが荘園内だけに留まるものではなく、それらを超えて動いていることがわかったのです。しかも、年貢として中央に貢納されるものとは別のネットワークもあった。つまり自由な商品流通があったと推測もできるでしょう。そんな商品流通経済が成立していたのであれば、輸送を支える交通網、船舶のような交通手段の発達、あるいは商人、輸送業者、金融業者といった人々のネットワークの形成、貨幣経済の進展などが必要になります。

一九五〇~六〇年代の中世史学界では、こういったシステムはまだ中世日本では発達していないと考えられていたのですが、草戸千軒町遺跡の発掘によって、中世社会とはそれまで考えられていたような自閉的で沈滞したものではないとわかりました。もっと生き生きと活発に商取引が行われ、日本列島は元より、東アジアの国際的な商業ネットワークにも繋がっていたと、中世社会の枠組み全体の見直しが行われたのです。

こうした研究上の進展は草戸千軒町遺跡だけの手柄ではなく、同時期に一乗谷朝倉氏遺跡（福井県福井市）が見つかったことも、大きく寄与しています。高度経済成長期には道路や住宅地をはじめ、各地で大きな開発が行われましたが、その工事に先立ち、必ず遺跡調査が行われました。この時期に見つかった多くの中世の遺跡によって、中世都市のイメージは次々と塗り替えられていきました。その牽引役の一つが草戸千軒町遺跡だったのです。

最後におまけです。私、実は尾道とご縁があることを忘れていました。知っている人は知っている、四回離婚して五回結婚した私の父・高橋源一郎が尾道の生まれです。一九五一年生まれで、ちょうど小津安二郎が『東京物語』を撮っているか撮っていないかの頃でしょうか。尾道駅のすぐ近くにあった自転車屋だった実家には、後に映画監督となった新藤兼人が店員として働いていたそうです。……と、そんな与太話を添えて、今回のオリエンテーションを終わらせていただきます。

建築展

ゲストスピーチ　過去は過去で、未来は前向きに　神原勝成

セッション　アーキツーリズムは可能か　神原勝成＋白井良邦＋石川康晴＋御立尚資＋松田哲也＋黒川周子

過去は過去で、未来は前向きに

神原勝成
一般財団法人神原・ツネイシ
文化財団 代表理事

神原家、家訓

私はこの一〇数年間、福山・尾道で街おこしのような活動をしてきました。セッション1では、その取り組みに至った経緯から、そこにかける想いや考え方、そしてこれからの展望についてお話しさせていただきます。

私たち常石グループは現在、海運事業、造船事業、ライフ&リゾート事業、環境事業、商社・エネルギー事業といった五つのセグメントがあります。元々は私の曾祖父である神原勝太郎が一九〇三年に創業した、石炭輸送船による海運業の会社でした。海運業を営む中で、造船所に船を修理に出すお金がなかったのかもしれませんが、中古船を買って自前で修理するなど、一九一七年に造船業も始めるようになります。

　現在では、「ベラビスタ スパ&マリーナ 尾道」（二〇一五年）［図1］や「ガンツウ」（二〇一七年）［図2］を運営しているライフ&リゾート事業をはじめ、産業廃棄物の適正処理やリサイクルなど、環境事業にも力を入れています。また、ガソリンスタンドなどのエネルギー事業も展開していて、その規模は割と大きく、ガソリンスタンドの数では広島県内で二番目になりました。

　常石グループが拠点とする沼隈町は、今でこそ道が整備され、福山駅周辺まで三〇～四〇分で行けるよう

【図1：「ベラビスタ スパ&マリーナ 尾道」（上）、その施設内にある「メインダイニング エレテギア」（左下）、「リボンチャペル」（右下）、全て設計は中村拓志】

【図2：「ガンツウ」設計：堀部安嗣】

になりましたが、私が生まれた頃は陸の孤島とでも言いますか、とても不便な場所でした。私の祖父の時代は船で尾道まで行っていたそうです。

そんな意味でも、本当に不便なところに造船所があり、先人たちが自前でスーパーマーケットやガソリンスタンドを営んだりと、そこで働く地域の人々のために色々と事業を始めたことが、現在の常石グループの多角的な事業展開につながっていると思います。

私自身は一九九八年にグループの中核になる常石造船の社長を二九歳で務め、四〇歳で社長を辞めることを宣言しましたが、結果的には四三歳まで続けました。その間、地元地

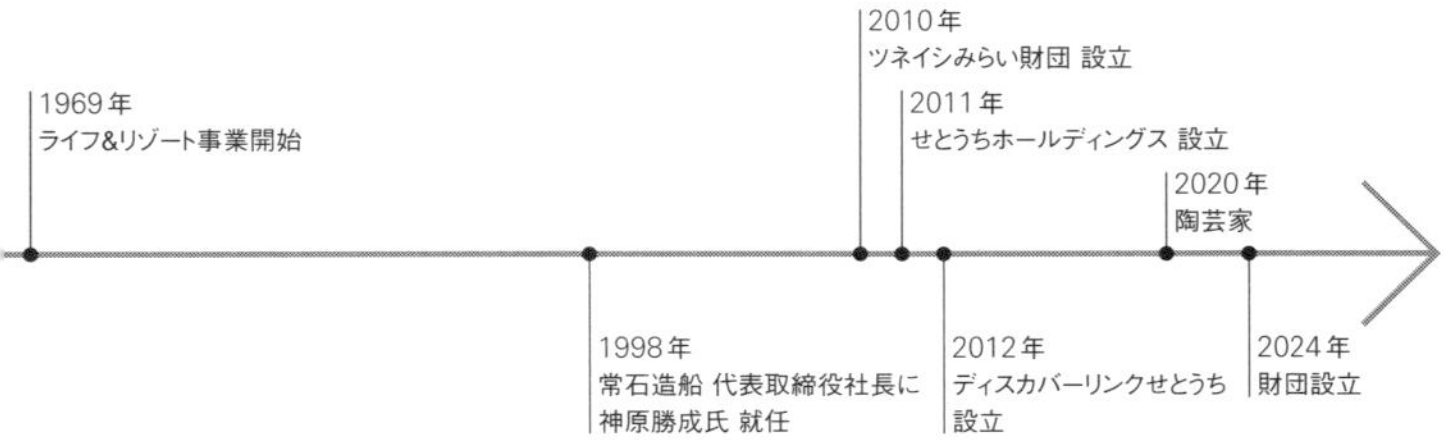

域の雇用や観光を促進すべくツネイシみらい財団を設立しました。グループ会社の利益の一％をこの財団に拠出し、地域貢献にあてることにしたのです。

当時の志としても、常石グループとして地域のために何ができるのかを真剣に考えていました。私は子供の頃から父親にずっと、「雇用を守れ」「大事なものは雇用と地域である」と口酸っぱく言われ続けてきて、「絶対に社員のクビを切るな」と刷り込まれてきたからです。

神原家には家訓があり、そこには四つの心がまえがあります。

(一) 人としての心がまえ
(二) 家族としての心がまえ
(三) 事業家としての心がまえ
(四) 地域、社会における心がまえ

そして（四）「地域、社会における心がまえ」の中には、

・地域社会のお役に立つという思い——地域地元に愛される。地域とともに発展する。地域があって事業がある。その逆はない。

1903年
海運業開始

1917年
造船業開始

1952年
エネルギー事業開始

1967年
環境事業

・発祥の地を大切に思う――産業、文化の発展に貢献する。雇用をつくる
・地域、地元に愛される――付き合いと信用。深い敬意をもって接する

こういった家訓の下、地元のために何ができるのか、どういったことをお手伝いできるかを、私は常に考え続けてきました。

なぜ蟄居《ちっきょ》したのか

日本の造船業は過去三〇年不況で苦しくなっていました。鉄板を買い、切って、溶接して、エンジンを買ってきて、組み立てて……というように、造船業はアッセンブルのため、コスト競争力では人件費の安い中国や韓国に負けてしまいます。そこで我々は約三〇年前にフィリピンのセブ島に造船所をつくり、その後、中国の浙江省舟山群島にもつくりました。

では、日本の本社工場をどうするのか。そこで働く人たちはどうするのか。先の家訓には「発祥の地を大切に思う――産業、文化の発展に貢献す

る。雇用をつくる」とあります。造船所を縮小するのか、あるいはもう日本工場をやめてしまうかといった話は、私が社長を務めている間もずっと考えていました。なぜなら、造船業は労働集約型産業のため、協力会社まで入れて二〇〇〇人ぐらいの従業員の行く先をどう用意すべきかまで考えた上で決断する必要があったからです。

当時、グループの第二、第三の柱もつくりたいとも思っていました。国内で造船所をつくるためには何百億円という投資が必要です。大きな投資をしてリスクをとるより、できるだけ投資を抑えて雇用を守り、更に地域に貢献するための産業を考えた時、サービス業に可能性があると思いました。

著名な建築家によるプロジェクトを始めたきっかけが、私が常石造船の社長になった時、義理の兄に監査役になってもらいました。それまでの常石グループはトップダウン型で、うちの父親や叔父が会社をグイグイ引っ張っていくマネジメントでした。でも、やはりある一定のガバナンスを利かせる必要があると考え、何人か社外取締役として常石造船に入ってもらったのです。その内の一人が義理の兄でした。

義理の兄からのアドバイスで、「今後、常石グループでつくる建物を、著名な建築家に一つずつつくらせてみたらどうだろうか」と提案してくれました。一〇年二〇年後、その建築を目当てに世界中の人々がこの地域に訪れ、ひょっとしたらそこで少なからず雇用が生まれるかもしれないとアドバイスしてくれたのです。なるほどと思いました。私は直感的におもしろいと思うと、すぐにやってしまう癖があります（笑）。

当時は建築に全く興味がなかったし、そもそもその魅力もわかっていませんでした。その時に義理の兄から紹介してもらった方が、瀬戸内デザイン会議にも参加している白井良邦さんたちです。白井さんに相談しながら、建築家を選び、現在までに一〇を超える建築をつくることができました。藤本壮介さんには「せとの森住宅」（二〇一三年）［図3］という社宅、長坂常さんには自邸近くに「独忘＋EL AMIGO」（二〇二一年）［図4］という子供が泊まるゲストハウスをつくってもらいました。

ただ、建築だけつくっていれば良かったのですが、勢いがついてしまい、「やはり瀬戸内海に観光で来てもらうのに、ＪＡＬやＡＮＡの飛行機とＪＲの電車だけではおもしろくないよね」と社内で盛り上がり、「水上飛行機でもやっちゃう？」と……（笑）。「せとうち SEAPLANES」を二〇一四年に設立します。航空局からの航空運送事業の許可取りはとても大変なんですが、無事に許可が下りました。当時、水上飛行機を用いた航空運送事業は五〇年ぶり

【図3：「せとの森住宅」設計：藤本壮介】

【図4：「独忘+EL AMIGO」設計：長坂常】

だったらしいです。この会社はピーク時、従業員が九〇人ぐらいいました。しかし、売り上げは数千万円……(笑)。

「地元のために。地域のために」と言っておきながら、ここからまた変なことをやってしまいます。水上飛行機の会社を設立した時に、アメリカにあるベンチャー企業の小型航空機メーカーから、「航空機の受注が多いので、第三者割当増資[*1]で常石さんも出資しませんか?」という話が来ました。直感的におもしろいと思ったので、「陸海空、いこうか」と最終的に出資ではなく、結局は会社ごと買ってしまいました(笑)。ホンダジェットが飛び始めた頃ですね。そこから今度、飛行機を売る方に走ってしまい、小型航空機のチャーターサービスである「SKY TREK」[図5]を始めました。「とにかく飛行機に乗ってください。地方の飛行場にも停まれて、新幹線やJALやANAよりも便利ですよ」と会員を募ったわけです。徐々に地域貢献からお金儲けに足を向けてしまい、このあたりが失敗の始まりでした(笑)。

そんな中、リーマンショック後に造船業が三~四期と赤字を出し、常石グループは大変な時期を迎えます。当然ですが、怒った金融機関から「常石グループの本業をやめますか? それともお兄さんの趣味をやめますか?」と詰められ、「私がやめます」となったわけです(笑)。二〇一九年に事業を

1——株式会社の資金調達方法の一つであり、株主であるか否かを問わず、特定の第三者に対して募集株式を割り当てることで増資すること。

【図5:SKY TREK】

グループ会社に吸収してもらい、それを機に私は全ての事業から一旦離れ、蟄居《ちっきょ》させてもらいました。その間、自称陶芸家、放牛窯、号は勝山ということで、個展を開催しつつも、おとなしくしていました。

言われて思い出した、建築祭構想

おかげさまで、今は造船業や海運業の景気が非常に良くなり、私がやらかした事業で出してしまった相当な赤字も弟たちに処理してもらいました。

……ということで、そろそろ何かやろうかなと（笑）。そこで早速ですが、今年の秋に新しく財団をつくろうと思っています。実はつい数カ月前、石川康晴さんから「勝成さん、建築トリエンナーレをやりたいと言っていたよね」とポロッと言われ、パッと思い出したのです。たしかに昔から、瀬戸内海の建築を見て廻るお祭りをしたらどうだろうかと白井さんと話をしていました。石川さんに言われて、「そうだそうだ、言っていたわ。やろう！」と思い出し、現在、「せとうち建築トリエンナーレ（仮称）」[＊2]と題したプロジェクトを企画しています。

二〇二五年に岡山芸術交流や瀬戸内国際芸術祭、大阪・関西万博が催され

2——正式名称は「ひろしま国際建築祭」。三年に一度、広島県を中心とした瀬戸内海地域で行われる建築文化の祭典。初回は二〇二五年一〇月四日〜一一月三〇日の約二カ月間、広島県福山市・尾道市の二都市を中心に開催される。主催は、建築文化を発信するため二〇二四年一月に設立された、神原・ツネイシ文化財団。

るので、そのタイミングで「せとうち建築トリエンナーレ」もプレ開催できないかと考えています。世界中の人々に瀬戸内の建築を見てもらうことは勿論、この瀬戸内という地域を見てもらいたいのです。

目下、色々な手続きや予算取りも含めて進行中です。まだきちんと擦り合わせできていないけれど、石川さんが企画している岡山でアーティストと著名建築家が協働する岡山A&Aプロジェクトも、「せとうち建築トリエンナーレ」に参加予定です。歴史的な地域やその周辺に、世界的に活躍する現代アート作家と建築家が協働してデザインした宿泊施設をつくっていく。そこに滞在することで、建築やアートが好きな世界中の人々に瀬戸内の観光を楽しんでもらいたいと考えています。二〇三〇年くらいまでに、瀬戸内海沿いに岡山A&Aプロジェクトを二〇くらいつくれるとおもしろいでしょうね。

また、瀬戸内デザイン会議のメンバーではないですけれども、GALLERY-SIGNの溝口至亮さんが、著名な建築家の自邸を復刻させたらどうかというアイデアを持ってます。

先日、丹下健三さんのご息女が広島に来られて一緒に食事をしていたら、丹下健三研究室出身でもある建築家の磯崎新さんが遺言書に、「丹下健三の自邸［図6］を復刻してほしい」「広島平和記念公園をつくる時にイサム・ノグチさん

【図6：丹下邸】

本文で紹介されなかった神原氏が手がけた福山周辺の建築プロジェクト

「せとテラス」(2013年竣工)
設計:原田真宏+原田麻魚

「第3期社宅新築計画」(2023年完成予定)
設計:長谷川豪

「ONOMICHI U2」(2014年改築)
設計:谷尻 誠+吉田 愛

「LOG」(2018年改築)
設計:ビジョイ・ジェイン

「松堂」(2014年竣工) 設計:藤森照信

「アートパビリオン〈洸庭〉」(2016年竣工)
設計:名和晃平

のモニュメントが日系二世のアメリカ人ということで採用されなかったので復刻してほしい」と残していたそうです。今はまだ仮として「巨匠自邸プロジェクト」と呼んでいますが、溝口さんが窓口をやり、二〇二五年のトリエンナーレの期間にプロジェクトを発表し、クラウドファンディングで資金を集め、二〇二八年にお披露目できるような形で進めていく予定です。

過去は過去で、未来は前向きに。地域に雇用を生むという切り口ではないけれど、今後もこの地域社会の役に立てるような街おこしとして、「せとうち建築トリエンナーレ」の実現に向けて活動していきたいと思っています。

セッション

アーキツーリズムは可能か

神原勝成＋白井良邦＋石川康晴＋御立尚資＋松田哲也＋黒川周子

プロフィールはpp.332-348参照

神原勝成の街おこしを瀬戸内全域に拡げる

白井　神原勝成さんとのお付き合いは十年以上になります。私は大学を卒業後、マガジンハウスという出版社で雑誌の編集の仕事をしていました。建築とデザインを軸にしたライフスタイル誌『Casa BRUTUS』には、一九九八年の創刊準備から携わっていて、勝成さんから相談を受けた当時は『Casa BRUTUS』の副編集長を務めていた時です。

勝成さんから「常石の街、また瀬戸内を建築やデザインの力によって活性化させることができないか」と相談を受けたのが二〇一〇年でした。そして最初のプロジェクトが、「ベラビスタ境ガ浜」（現在は「ベラビスタ スパ＆マリーナ 尾道」）に街のシンボルとなり、且つホテル側も利用できるものとしてチャペルをつくるという計画でした。私が挙げた何人かの建築家の候補から勝成さんに選んでいただき、中村拓志さんが「リボンチャペル」（二〇一三年）［図1］を設計しました。

これから常石の街と一緒に育っていけるように、同世代の建築家と何か新しいものをつくっていきたいと勝成さんと話していました。この会議に参加している藤本壮介さんもその一人で、藤本さんは「せとの森住宅」（二〇一三年）という常石グループの社宅を設計しています。

それから、今回のゲストスピーカーでもある堀部安嗣さんには「ガンツウ」（二〇一七年就航）をつくっていただきました［図2］。最初は船の設計ではなく、鞆の浦の小さな古い屋敷を一棟貸しの

【図1：リボンチャペル】

【図2：ガンツウ】

宿に改装できないかと相談し、わざわざ堀部さんに鞆の浦まで来てもらった記憶があります。そのプロジェクトは建物を買うことができなくて頓挫してしまいましたが、私も全く知らない間に「ガンツウ」という客船のプロジェクトに堀部さんがアサインされていました。

「ガンツウ」の計画が動き始めた頃、勝成さんからお声掛けいただき、私はマガジンハウスを辞めて経験のない事業の世界に飛び込みました。そこで「ガンツウ」と小型航空機を使った富裕層向けの旅行会社を任せてもらいます。大変なことも多々ありましたが、貴重な体験もさせていただきました。その中で特に勝成さんから学んだことは、飲みニケーションは人を動かすということ。これは本当に肌で感じています（笑）。

そして、勝成さんのスピーチでも話がありましたが、今度は「せとうち建築トリエンナーレ」を企画しています。今現在、香川県、岡山県の島々を中心に瀬戸内国際芸術祭が開催され、世界中から人々が訪れています。更に石川康晴さんが岡山芸術交流を、三年に一度、岡山市内を中心に開催している。一方、瀬戸内全体を見ると、岡山から広島・山口方面に大きな芸術祭がないため、この空白部分で何かできないかと考えました。また、芸術祭は日本中で沢山行われているため、芸術ではない別の視点の催しで瀬戸内一体をつなげたらどうか。そこで、勝成さんが二〇一〇年から取り組んできた建築を軸にした街の活性化を、福山周辺だけでなく瀬戸内全域に拡げるという考えが、「せとうち建築トリエンナーレ」の構想の元になっています。

ベンチマークはヴェネチア・ビエンナーレ

白井　芸術祭は世界各国でありますが、建築展は世界中を見てもあまり例がありません。日本ではコロナ禍に長野県松本市が一回目のマツモト建築芸術祭を開催しました。しかし、街にある古い建築の中でアーティストがインスタレーションをするような展示がメインだったので、私が考えている建築展とは少し違います。

私が「せとうち建築トリエンナーレ」の構想を勝成さんからいただいた時に、ベンチマークとして意識をした展覧会が、一九八〇年から二年に一度行われている、ヴェネチア・ビエンナーレ国際建築展［＊1］です。世界で最も力のある建築展であるし、唯一無二の建築展とも言えると思います。

ヴェネチア・ビエンナーレ国際建築展の特徴の一つが、ディレクターの存在です。各回ごとに総合ディレクターが指名され、その回の全体のテーマを決めます。二つ目の特徴は、会場内に日本館、アメリカ館、韓国館、フランス館といったように、国ごとのパビリオンがあること。各国代表チームがそれぞれのパビリオンでテーマに沿って展示を行います。国別で争うという点で見ればオリンピックみたいなもので、建築界のオリンピックなんて呼ばれることもあります。また、その国別の展示とは別に、世界中から招聘された建築家たちが個人でテーマに沿って展示する会場もあります。

会場はヴェネチアの中心部から東に少し離れたエリアにあり、二カ所に分かれていて、ジャルディーニ、アルセナーレと呼ばれています。ジャル

1――ヴェネチア・ビエンナーレは一九世紀末に始まった国際美術展で、戦争などの社会情勢の影響で開催年は断続的でありながらも、その歴史は一世紀以上にわたる。現在は美術、音楽、映画、演劇、舞踊、建築の六部門に分かれている。建築展の先駆けとなる展示は一九七五年に行われたが、正式に独立したのは一九八〇年。建築や社会の世界的な動向、情勢を知る鏡とも言える国際展覧会。

ディーニは「公園」という意味で、緑豊かな公園の中に各国のパビリオンが設られ、そこで国別の展示が行われます［図3］。公園の中には大きな目抜き通りがあり、その左右に各国のパビリオンが並ぶ、いわゆる万国博覧会スタイルの展示、一九世紀的な会場構成と言えるでしょう。

アルセナーレは元々は造船所があったエリアです［図4］。この会場では世界中から招聘された建築家たちが作品を展示し、自国でパビリオンを持っていない国も国別の展示を行います。ヴェネチアは一〇世紀くらいから栄え始めた街で、十字軍の中継地として最初に造船業が生まれ、その後、中継ぎ貿易で関税を取ったりして、世界の中心都市になっていきました。その名残でもある造船工場の跡地を展示会場として活用している点も、ヴェネチア・ビエンナーレの特徴の一つと言えます。

また、ヴェネチア・ビエンナーレには三つのグランプリがあります。国別のパビリオンでの展示に与えられる金獅子賞と、作品展示に与えられる金獅子賞、そして、ある建築家に功労賞として与えられる生涯金獅子賞の三つです。日本はヴェネチア・ビエンナーレ国際建築展で注目を集めることが多く、今まで国別金獅子賞を二度も受賞しています。

近年では二〇一二年のビエンナーレで、日本館が国別金獅子賞を受賞しま

【図3：ジャルディーニ】

【図4：アルセナーレ】

した。藤本さんも当時の日本館展示を担当していた建築家の一人です。伊東豊雄さんがコミッショナーを務め、藤本さん、平田晃久さん、乾久美子さんという三人の若手建築家が、東日本大震災の被災地であった陸前高田市に「みんなの家」というコミュニティの場をつくる提案「ここに、建築は、可能か」を展示しました［図5］。同年は、イギリス人建築家のデイヴィッド・チッパーフィールドが総合ディレクターに指名され、彼が掲げたテーマが「コモン・グラウンド」。「みんなの共有の場」という、個の表現としての建築ではなく、共通の価値としての建築や都市の在り方に焦点を当てたテーマでした。

【図5：日本館の展示（2012年）】

一方、一九九六年にも日本館は金獅子賞を受賞しています。磯崎新さんがコミッショナーを務め、前年に起きた阪神・淡路大震災をテーマに、被災地の瓦礫をヴェネチアまで持ち込むといった荒業の展示でした［＊2］。東日本大震災の被災地に対して建築家がどう向き合えるのかをテーマにした二〇一二年と同様、震災をテーマにした展示で日本は金獅子賞を受賞しています。

個人部門では、妹島和世さんと西沢立衛さんのＳＡＮＡＡ（二〇〇四年）、

2――磯崎新がコミッショナーを務め、建築家の石山修武、宮本佳明、写真家の宮本隆司が参加。阪神・淡路大震災の被災地の瓦礫を用いて「Fractures／亀裂」というテーマでインスタレーションを展示し、同年の国別金獅子賞を受賞した。「被災地の現在」を伝えた一九九六年の展示に対し、奇しくも「被災地の未来」を伝えた二〇一二年の日本館の展示でも、日本は同賞を受賞することになった。

石上純也さん（二〇一〇年）が作品金獅子賞を受賞し、生涯金獅子賞では伊東豊雄さん（二〇〇二年）と篠原一男さん（二〇一〇年）が受賞していると いう功績があります。また、二〇一〇年のビエンナーレでは妹島和世さんが女性で初、アジア人で初の総合ディレクターを務めました。

会場に設られた日本館そのものは一九五六年に、ル・コルビュジエに師事していた建築家・吉阪隆正さんが設計しました［図6］。戦争が終わってまだ一〇年ほどなので、日本はお金が捻出できず、石橋財団の費用で建築費が賄われたという経緯があります。日本館の展示会場としての特徴は、ピロティと呼ばれる柱で地面から上に持ち上げられた際にできる空間です。毎回、ここで何をするかが日本館の展示の見所になります［＊3］。藤本さんが参加した年は休憩スペースとして使われていましたし、展示スペースとして使われることもあります。

長坂常さんも前回の日本館の展示に参加されています。現在開催中の第一八回ヴェネチア・ビエンナーレ国際建築展では、大西麻貴さんという若手建築家がキュレーターを務めています。「愛さ

【図6：日本館】

3——瀬戸内デザイン会議のメンバーでもある長坂常氏が参加した、二〇二一年の第十七回ヴェネチア・ビエンナーレ国際建築展の日本館の展示「ふるまいの連鎖：エレメントの軌跡」では、屋外の中庭を展示スペース、日本館の展示室を資材置き場、ピロティを作業場として日本館の新しい使い方を提示した。耐用年数が過ぎた一軒の木造住宅を題材に、解体された古材と現代のマテリアルや技術を組み合わせて別の形に再構築する建築の二次利用が展示内容であったため、会期中も展示（工事）が動き続けることを考慮した日本館の使い方だったと言える。

れる建築を目指して」と題し、展示会場となる日本館をいかに愛するか、どうやって次世代にまで残していくかをテーマにした展示です。

日本館を吉阪さんが設計されているように、ジャルディーニに配された各国のパビリオンは世界中の高名な建築家によって設計されています。フィンランド館はアルヴァ・アアルト［図7］、オランダ館はトーマス・リートフェルト［図8］、オーストリア館はヨーゼフ・ホフマン［図9］、イタリアの建築家カルロ・スカルパはベネズエラ館［図10］をはじめとした幾つかの展示スペースを設計しています。ヴェネチア・ビエンナーレに行くと、有名な建築家が設計した各国のパビリオンを巡れるし、その空間をどうやってキュレーターと展示チームがアレンジしていくかも見所の一つになっています。

アルセナーレは先述の通り、一一〇四年に建った古い造船工場の跡地です。ジャルディーニの緑

【図7：フィンランド館】

【図9：オーストリア館】

【図8：オランダ館】

【図10：ベネズエラ館】

豊かな公園とは少し趣が異なり、海が目の前にあり、会場近くまで運河が入り込んでいます。二〇一〇年に妹島和世さんが総合ディレクターを務めたビエンナーレでは、アルセナーレで今回の瀬戸内デザイン会議に参加予定だったスタジオ・ムンバイが展示していました。彼らはムンバイにある自分たちの作業場をヴェネチアで再現し、特別賞を受賞しています。その八年後に、尾道でスタジオ・ムンバイが「LOG」(二〇一八年)をつくります。

ヴェネチア・ビエンナーレは、建築家の人にとってはものすごく馴染みのある展覧会ですし、非常に影響力もあるものです。一方で、課題も見受けられます。例えば、会期中の運営についてです。会期が半年間もあるのですが、ビエンナーレに最も人が集まるのが一般にオープンする三日前になります。三日前のプレスプレビューに世界中から建築家や関係者が集まり、様々なセッションを行うからです。審査員が会場を回って金獅子賞を決めるのもプレスプレビュー中です。それが終わって一般の人に公開されると同時に、建築関係者たちは自国に帰ってしまいます。つまり、ほぼ半年間、大きなイベントを行わないまま、ビエンナーレは閉幕していってしまうのです。私はヴェネチア・ビエンナーレをベンチマークはしているけれど、そんな課題を踏まえた上で、「せとうち建築トリエンナーレ」を瀬戸内独自の建築展としてどういった姿にしていくべきなのかを思案していきたいです。

復活のタイミング

白井　このセッションの前半は私から簡単にヴェネチア・ビエンナーレについて解説させてもらいました。それを踏まえて、今から皆さんと一緒に議論していきたいと思います。まず、既に岡山芸術交流を主催されている石川さんから、勝成さんのアイデアや、この瀬戸内を舞台に建築展をやることについて意見を聞かせてください。

石川　議論に入る前に、神原さんがすごく真面目な話をしていることに感動し、少し泣きそうになりました（笑）。二〇代で大きな造船会社の社長を務め、三〇～四〇代には会社の経営を多角的にアップデートし、業績を高みに乗せました。そして水上飛行機、堀部さんとの「ガンツウ」、「LOG」や「ベラビスタ」、「ONOMICHI U2」（二〇一四年）といったホテル……。蟄居せずにそのまま神原さんがやっていたら、この尾道・福山がどれだけ世界に誇れるエリアになっていたのだろうかとつい想像してしまいます。一方で、悔しい想いも持ちながら敢えて言えば、金融機関は怖いなと（笑）。神原さんの尾道・福山の地域貢献活動をやる上で、会社から退かなければいけない、弟たちに迷惑をかけられないという想いがあったと思います。この数年間、半分冗談で蟄居中、明るい引きこもりと言っていますが、あまり弟たちの縄張りにフラフラ出入りしていると迷惑をかけると、ご本人にしかわからないような配慮があったのでしょう。実は、僕は青井茂さんとずっと「どこかで神原さんを表舞台に戻さなきゃいけない」と相談しながら、またボスとして動いてもらう神原復活のタイミングをうかがっていました。

僕の神原さんとの出会いは、二〇一四年に完成した「U2」の内覧会です。僕も呼んでもらい、インテリアデザイナーの片山正通さんたちと一緒に伺いました。当時から神原さんは「建築トリエンナーレみたいなことをやりたい」と話していました。僕はそれをずっと覚えています。福武英明くんたちが瀬戸内海の島々でやっている瀬戸内国際芸術祭、僕たちが岡山の街中でやっているシティアートの岡山芸術交流と連動し、岡山、広島、香川を横断していく建築トリエンナーレが実現できたら、どんなにおもしろいだろうなと。

でも、先ほど言ったようにタイミングをうかがっていました。あれから一〇年経ち、為替変動や造船業界の景気が良くなってきた現在だと思い、神原さんに「建築トリエンナーレをやりたいと言っていましたよね」と声をかけました。おそらく二年前に声をかけてもやらなかったと思う。家業である本体の業績も上がってきて、外野のステークホルダーから文句を言われにくいこのタイミングだからこそ動いてくれたのでしょう。

僕らも「せとうち建築トリエンナーレ」に協力したいと考えています。石川文化振興財団は一九五二年にジャン・プルーヴェによって建設された「Dieulouardの学校」[図11]のフレームを所有しています。所謂、プレハブ建築の先駆的存在とも言える移動式教室で、当時九室制作されたものの内の一つです。「U2」の隣に大きな倉庫がありますが、その倉庫に移動式教室を寄託させていただくのはどうだろうと考えています。

僕だけではなく、ここにいる専門知識のある方々が神原さんのロマンを形にし、白井さんのディレクション力をふんだんに使ってもらうことで、「せとうち建築トリエンナーレ」はヴェネチア・ビエンナーレを上回るような展覧会になるのではないでしょうか。

白井　まさか石川さんの財団が、プルーヴェの貴重なフレームを所有されているとは知りませんでした。皆さんにご協力いただき、瀬戸内を活性化さ

【図11：Dieulouardの学校】

せる建築展になればいいなと思います。

ブラタモリから始めよう

御立　瀬戸内デザイン会議は毎回そうなんですけれど、セッションに登壇するといってもどんな議論をするかは何も教えてもらえず、皆で思いついたことを喋るという酷い会議だなと何回も文句言ったんですけれど……（笑）。でも、それが良いなと今日初めて思いました。白井さんが言っていた飲みニケーションの場ではありませんが、本音で次に何をやるかを議論するためには想いをぶつけるしかありません。カッコ良いセットアップをして登壇者がキレイな話をしてもおもしろくないですから。神原さんがこれまで積み上げてきたことを、僕らは整理して聞いたことがありませんでした。それを今回丁寧に解説してもらい、そこから一緒にどんなことをやれるのだろうかという議論になっていく。つまり、これまでとこれからという話になったんだなと思いました。

神原さんは地域貢献の手段に建築を選びました。センスが良いと思います。僕はコンサルティング会社で仕事をしていた時、会議に出席するために世界中を飛び回っていました。そこで、政府やその国の経団連みたいな方々と日本の話題になると、彼らは日本酒や寿司なんて言いません。皆、日本の建築について話をします。残念ながら、日本のアートはそこまで話に出ません。『ニューヨーク・タイムズ』や『フィナンシャル・タイムズ』を読んでいると、「生きている世界のトップ10」みたいな記事を時々目にします。すると、建築のカテゴリーだけ日本人が常に四、五人ランクインするのです。世界のトップの半分近くを日本人が占めている分野は他にないと思う。

今日も藤本壮介さん、長坂常さん、堀部安嗣さんといった建築家が参加していますが、建築家は領域横断して越境できる人でないと務まらないと思います。例えば、藤本さんたちがヴェネチア・ビエンナーレに参加した際に取り組まれたように、災害があった時に建築に何ができるのか。普段、住宅を設計する時と同様、人々の生活や要望、その土地の景観、歴史、コミュニティなどの多層を踏まえた上で、感性と論理性を武器に、領域横断で新しい世界観をつくっていく独自の存在ですよね。世界的な日本人建築家が輩出される背景には、領域を超える、歴史の古層も感じ取る、自然環境と人との関係を論理を超えて掴み取る、そういった日本的な知のあり方とも関係しているのでしょう。そして、そんな建築家を地域社会を変えていく起爆剤として、神原さんは選んだわけです。

原研哉さんのイントロダクションで、パリンプセストの話が出てきました。ものを書く時に羊皮紙を使う時代がありました。字の通り羊の皮の上に字を書くわけです。羊皮紙はすごく手間をかけてつくられるため、コストが高く、使い切りではありませんでした。一回書いたら、上を薄く剥ぎ、もう一回書く。それを何回か続けていくと、以前の痕跡が滲んできて多層に見えるようになります。それがパリンプセストです。今回は瀬戸内の多層性、つまり施主の皆さんと建築家の方々、僕らみたいな応援団によって、どうやって地域の多層性をつくっていけるかを大真面目に議論した方がいいでしょう。

僕はもうブラタモリから始めなくてはいけないと思うのです。僕ら日本人は地形や風土から逃げられません。例えば、なんで瀬戸内海の魚が美味いのか。備後灘も平均水深二〇メートルしかありません。干満の差は最大で三メートルに及びます。ものすごい差があるから水の流れが速く、魚としてはつらい。でも、それゆえに鞆の浦を泳いでいる鯛は異常に筋肉が発達しているわけです。筋肉が発達し、そこに溜まるＡＴＰ［＊4］が旨味の素になる。それを神経締めで処理するから美味しいまま提供できるわけです。

第三回瀬戸内デザイン会議（倉敷篇）で橋本麻里さんが解説してくれた通

4――アデノシン三リン酸（adenosine triphosphate）の略称。加水分解され、アデノシン二リン酸とリン酸になる時に解放される大きなエネルギーを、地球生物の細胞は利用しているため、ＡＴＰは「生体のエネルギー通貨」とも形容される。

り、この地形は三〇〇万年前に日本列島を囲う、太平洋から西向きに押してくる太平洋プレートと、南から北向きに押してくるフィリピン海プレートによって生まれました。この時、フィリピン海プレートが太平洋プレートの力に押し負け、フィリピン海プレートの力の向きが北西方向にずれ、瀬戸内海の海底に沈降部分と隆起部分が繰り返して刻まれ、そこに海の水が流れ込んできたため、干満の差が大きくなり、水の流れが速くなったわけです［図12］。

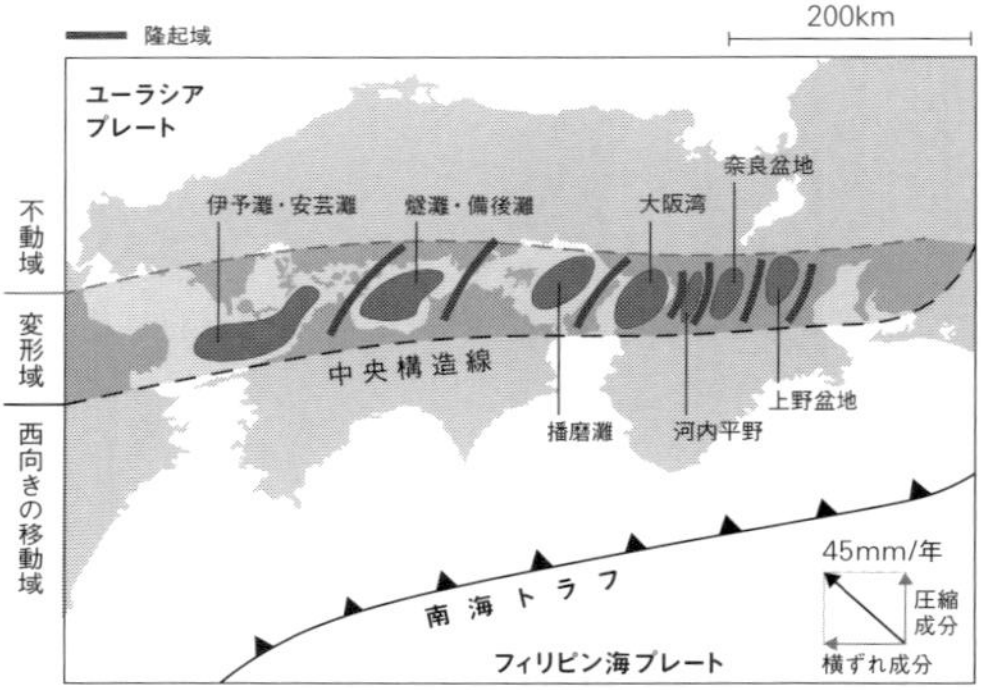

【図12：沈降域と隆起域が繰り返し配列する瀬戸内海】

ブラタモリは何をやっているかと言うと、なんでこの地形はこんな食文化を生んだのか、なぜこの地形はこういった家を生んだのかといった、僕らが逃げられない地形や風土について掘り下げている。僕らも尾道と福山の地域について考える際、海と川の流域のブラタモリをするべきだと思います。

また、柳瀬博一さんの著書に『国道16号線「日本」を創った道』（新潮社、二〇二〇年）というおもしろい本があります。首都圏に住んでいる方はわかると思いますけれど、国道一六号線は、横須賀から八王子を通ってグルッと千葉の富津市まで回っていきます。その国道一六号線の西側はかつてシルクロードでした。長野や北関東で生産された生糸を八王子に集め、横浜へ運び、そこから外国に輸出していたのです。一時日本の輸出額の四割が絹だった時代もありました。

そんなエリアにどんな文化ができたのかを掘り下げていくと、例えば日本の産業史とポップス史が立ち現れる。繊維産業が盛んになり、パトロンが色々なことにお金を使っていった。当時、明治政府は富国強兵に注力し、生糸で稼いだ外貨で、横須賀に軍港、浦賀に軍艦、一六号線エリアとその周辺に航空関連施設をつくりました。しかし、終戦を機にそれらの施設は全て米軍基地になりました。その結果、一六号線エリアはアメリカ文化を媒介する場所となったのです。実際、そこから映画や漫画、小説など多くの分野に影響を及ぼしました。音楽も然りで、美空ひばりからユーミンまで多くのミュージシャンが一六号線エリアで生まれ育ち、戦後の日本のポップスは醸成されたと、柳瀬博一さんは分析しています。

瀬戸内では建築でそんな地域の文化を生もうとしている。例えば神原さんの常石造船も元々は海運業です。尾道も北前船の船主さんがつくった建物が沢山残っている。海の道をやってきた産業家がどんなお金の使い方をして、どんな文化をつくってきたのか。そして、新しい産業を今担っている皆さんがどんなことをやるのか。倉敷篇で登壇いただいた田中仁さんも、藤本壮介さんをはじめとする建築家たちにお願いして、前橋の街を変えようとしています。石川さんも同じように岡山の街づくりで建築を扱い、黒川さんのとらやも日本各地で内藤廣さんに店舗をつくってもらっている。つまり瀬戸内デザイン会議には、建築と施主との関係の中で新しい文化をつくってきた人がこれだけいるわけです。しかも建築家当人まで参加している。

ブラタモリや国道一六号線、あるいは毎回オリエンテーションで解説してもらっている橋本さんのその地域の歴史を踏まえ、特に海の道と海で栄えた人たちが何をやってきたのかを掘り下げた上で、どんな街をつくるか、どんな建築をつくるかを議論していけるといいのではないでしょうか。地域を超えて日本の才能がここに集まる中、できたら領域だけでなく世代を超え、様々な世代の人を交えて議論していけるといいと思います。

富裕層狙いはもう終わり

白井　ヴェネチアにあるものとないもの、瀬戸内にあるものとないものを考えてみました。共通点は海運や造船で栄えた街であることです。加えて、街が海と共にあること。尾道に行く時にわざわざ船を使ったという勝成さんのおじいさんのお話のように、陸路よりも海路が重要視されていた地域だと思います。

ヴェネチア・ビエンナーレは「国際建築展」という名前が付いていますが、瀬戸内では「国際」という名前を使わなくてもいいと思っています。逆にローカリティを前面に押し出した展覧会にしたい。「せとうち建築トリエンナーレ」の根底に流れているのはアーキツーリズムです。建築を軸にしたツーリズムを展開し、海外からも日本全国からも人を呼び、瀬戸内の経済や人の交流を活性化したいと考えています。

私はヴェネチア・ビエンナーレを二〇〇四年から毎回見ているのですが、特に海外の富裕層の中でアーキテクチャーとアートの二つが国際言語になっている節があります。先ほど御立さんからも、海外で日本の建築家が評価されているという話がありました。世界一の富豪であるＬＶＭＨグループのベルナール・アルノーさんの関心も、建築とアートだと思います。ルイ・ヴィトンの店舗を、青木淳さんをはじめとした日本人建築家が牽引し、新しいストア建築の形をつくりました。パリでは自身のアートコレクションで「フォンダシオン ルイ・ヴィトン（ルイ・ヴィトン財団美術館）」（二〇一四年）をつくっていますが、その設計もフランク・ゲーリーに依頼しています。富裕層が共通言語にしているもののうち、アートは既に瀬戸内で瀬戸内国際芸術祭と岡山芸術交流があるため、もう一つのアーキテクチャーを使った展覧会を福山、尾道、それから広島を舞台に展開できたらと考えています。

御立　今の白井さんのお話にビルドオンさせてください。ここには関係者も沢山いるので語弊があるかもしれませんが、ただ富裕層を狙うツーリズムは卑しいだけでもう終わったと僕は思っています。

ヴェネチアもトスカーナも、日本なら京都や鎌倉も、オーバーツーリズムのおかげでその地域で暮らす人たちは皆、観光を嫌いになっている。ようやく日本も、観光客の数ではなくそこで落ちる金額の大きさが重要だという傾向になってきたのですが、富裕層を獲得していきましょうという考え方は只々卑しいだけです。実際に色々な場所で遭遇しましたけれど、簡単に言うと、ただわがままな金の使い方をする奴ばかりが来たところで、その地域はもっと嫌な思いをするだけなんですよ。本当に最悪です。ホテルでもレストランでも、五分前でも一〇分前でも、自分の思った通りにならなかったらキャンセルして札束を叩きつける。そんな富裕層のためのツーリズムなんていりません。ただし、それを「富裕層なんていらない！」と言う必要はなく、「アートとアーキテクチャーを楽しめる人はどんどん来てください」という言い方をして、本当にセンスの良い人に瀬戸内に来てもらう。地域の生活者の人に「観光って良いものだよね」と思ってもらうためには、その点もしっかり考えないといけないと思います。

白井　御立さんのおっしゃる通りです。私も「ガンツウ」の事業に携わらせていただいた経験があります。「ガンツウ」は金額だけで見ると確実にラグジュアリーです。でも今、ラグジュアリーというのは値段だけの問題ではなく、いわゆる知的富裕層といったように知性をレイヤーとしてかける必要があると思います。

建築展、アート展がこの地域で盛んに行われ、しかも事業家が中心にそれを行っているところが非常におもしろいと思っていますので、その輪を瀬戸内全体に展開していきたいと思っています。

尾道が大成功している理由

松田哲 建築については非常に疎いのですが、著名な建築家に福山・尾道地区の建築を数々任せてきたことは、神原さんにとって偉大な足跡であり、後世に続いていくことだと思います。

私は生まれた時から広島に住み、今年で五四歳になります。神原さんと同級生です。小さい頃は福山や尾道はそんな大した街ではなかったというか、今のように注目されていませんでした。でも今は、尾道を皆知っています。人口規模一三万人の小さな街は日本中にいくらでもあり、多くの地方都市が街おこしで地域活性化を試みていますが、あまりうまくいっていません。しかし、尾道だけは大成功している気がしますよね。それは、昔からあった歴史的遺産ではなく、実は後からつくられてきたのではないかと、今日の神原さんの話を聞きながら考えていました。

まず大きいのはしまなみ海道です。最初、瀬戸大橋ができた時、大きな橋ができてすごいと思っていたのですが、小さな橋の集合体で風光明媚な自然の風景が繋がっていくしまなみ海道の方が、瀬戸内の魅力を生んでいるような気がします。サイクリングなどの付加価値が出てきて、その地域には滞在施設もつくられていきました。当時は西山別館ぐらいしか宿泊施設はありませんでしたが、「ベラビスタ」や「ガンツウ」、「U2」といったものができ、ハイソサエティの方々やそうではない方々も満遍なく尾道に来るようになり、街がどんどん変わってきたと思います。

名物の尾道ラーメンにしても、今は皆さん知っているかもしれないですけれど、たぶんこの一〇～二〇年ぐらいで注目されたものです。それまで県内の私も知りませんでした。おそらく、しまなみ海道や「ベラビスタ」ができ、街おこしの中で後から見出された食文化だと思います。瀬戸内のハッサクやレモンへの注目も、たぶんそういった街おこしの後付けみたいな部分も少なからずあるのではないでしょうか。その意味でも、今後の地方の街おこしにおいて、尾道はとても良いケーススタディになっていると思います。

やはり人間は明るいところにどんどん集まってくるし、物はカッコ良いところにどんどん集約されていく。それは機能であったり、技術、デザイン、コンセプトであったりもするけれど、やはり明るいこと、カッコ良いところ、美しいものに集まっていく。私のような建築の素人から見てもそう思います。だからこそ今の尾道や福山の在り方、常石造船がやってきたことは非常に素晴らしいと思います。

御立　尾道が注目されたのは大林宣彦監督の尾道三部作からだと思います。『転校生』（一九八二年）、『時をかける少女』（一九八三年）、『さびしんぼう』（一九八五年）といった尾道三部作があり、次の世代、特に平成生まれの人たちまで含めて「ここに行ってみたい」と、それこそハイエンドではない人たちも沢山来るようになった。尾道三部作はあの街並みを使ったからできた映像作品なので、風土、文化、街おこしという点でもすごく重要な存在だったと思います。

点と点を結び、線になる

白井　いつもおちゃらけたことを皆さんの前で話してばかりの松田哲也さんですが、先日、別の取材でインタビューさせていただきました。何をテーマにしたインタビューだったかというと、「おりづるタワー」（二〇一六年）

〔図13〕についてです。広島平和記念公園の横にある損保会社が所有していたビルを哲也さんたち広島マツダが購入し、建築家の三分一博志さんに改修してもらい、「おりづるタワー」という建物に生まれ変わりました。展望施設や商業施設、オフィスでもあり、アートの展示スペースもあります。アーキテクチャーとアートといった富裕層が関心を抱く二つの国際言語を使いつつも、「別の視点から見た原爆ドームの姿や、発展してきた広島の風景を見てほしい」という広島で育ってきた人間だからこそ抱く想いが込められた、広島にしかない建築になっています。そういった意味でも、実際に「おりづるタワー」で実践されている哲也さんは、このセッション1のキーマンの一人だと思っています。

二〇二五年に開催予定の第一回建築展は、あまりエリアを拡大しすぎるとボヤけそうなので、福

【図13：「おりづるタワー」（左）と原爆ドーム（右）】

山と尾道を中心に考えていますが、アネックスやサテライトという形で広島の「おりづるタワー」や石川さんが運営している「TETTA ワイナリー」など、瀬戸内の各地と連携していきたいと思っています。アーキツーリズムが裏テーマなので、瀬戸内に訪れた皆さんがこの地域をぐるぐる周遊し、各地に滞在してもらえたらいいですね。

黒川　「おりづるタワー」という建物は、違う世界を見てほしいとの想いが込められ、知らなければならない歴史を未来の人々に繋げていると思っています。

尾道と福山については、御立さんも仰っていましたが、やはり歴史だと思います。そこに住む地域の人々や、この街がどのようにしてできたのかを無視せずに、既存の建物を「U2」や「LOG」のように蘇らせて新しい息吹を入れていることが、訪れる人間に違和感を与えずにこの街に溶け込める要因の一つになっていると思っています。丘側を見ると、古い昔ながらの邸宅が並んでいてそれまでの歴史を感じるけれども、一方で未来を予感させるような融合性も感じるわけです。

今回、瀬戸内でトリエンナーレを計画していると伺いましたけれど、点と点を結んで線になるようなものになるといいですね。岡山から始まり、倉敷を経由して、尾道に辿り着き、最後は広島までいく。尾道も福山も、そういった線の中継地点になりうる場所に既になっていると思います。

神原勝　セッション1の私のスピーチでは、尾道、福山の街でどのように雇用を守るか、地域を活性させるかをテーマにお話しさせてもらいました。そういった活動の中で大切なのは、誰とチームを組んでやるかです。瀬戸内デザイン会議はプレ会議を含めると、今回で五回目になります。やっと皆との距離が縮まったと思っています。

実は「ガンツウ」は二年ちょっとで完成しました。当時、不景気で常石造船に造船のキャンセルが出て、船を造る船台が空いてしまいました。その時に「今だ！」と思って堀部安嗣さんにお願いしたのです。こちらも弟の秀明や大本公康さんなどを呼び集め、バッとチームをつくりました。

当時、私は水上飛行機を扱っていましたが、「ガンツウ」のような瀬戸内海を横移動で旅する構想は全くありませんでした。私の最初の構想は、「各地に停留して、その地域の宿に泊まってもらう」といったものでしたが、それを堀部さんや秀明に話したところ、「いやいや、そんな大きな荷物を毎回持って降りるような旅は誰もしない」と指摘してもらい、きちんとしたハイエンドの船をつくり、一泊最低三〇万～四〇万円で宿泊できる船にしようとチーム内でワーッと議論し、今の「ガンツウ」が生まれました。「ガンツウ」が二年ちょっとで完成したことは奇跡だと思っています。そんな奇跡を起こすためには、やはり誰と組むかが大事なんだと改めて思いました。

「せとうち建築トリエンナーレ」を開催する際も、瀬戸内デザイン会議のメンバーに力を貸してもらいたいと思っています。このメンバーと、この近い距離感でやっていきたい。昨夜の懇親会で、青井茂さんが原研哉さんのことを「白熊広告社」と呼んでいました（笑）。「おまえ、世界の原研哉に対して何てことを言ってんだ」と横目で恐る恐る見たら、原さんも笑ってくれていました。それぐらい近い距離になれたんだと思います。夜のお酒の席でも昼間のシラフの席でも、言いたいことが言える仲になれました。瀬戸内デザイン会議という仲間は私にとって財産なんです。

この数年、毎年一、二回会っていたことがいよいよ、これからの実践につながってくる。すごく嬉しいです。「せとうち建築トリエンナーレ」は皆さんに色々なアドバイスや意見をいただきながら、瀬戸内海の街のためにも一生懸命やり切りたいので、ぜひ力を貸していただければと思っています。

パリンプセスト

ゲストスピーチ　ビジョイ・ジェインからのメッセージ　吉田挙誠

セッション　光を観る方法　吉田挙誠＋梅原真＋桑村祐子＋長坂常

パリンプセスト

ゲストスピーチ

ビジョイ・ジェインからのメッセージ

吉田挙誠

株式会社せとうちクルーズ
ガンツウ事業部 総支配人
元LOG事業責任者

暮らしと観光が重なる場所

セッション2は本来であれば、「LOG」(二〇一八年)を設計したスタジオ・ムンバイのビジョイ・ジェインさんに登壇いただく予定でしたが、体調を崩されてしまい来日が叶わないということでした。ご本人も非常に残念に思っていると聞いています。ただ、ビジョイさんから簡単なプレゼンテーションを含めたメッセージが届いていますので、後ほど私から代読させてもらいます。まずは、「LOG」をはじめとする尾道で私たちが取り組んでいる事業について簡単に紹介させてください。

そもそも「おまえは誰やねん」というところから始まると思うのですが、私は現在、「ガンツウ」(二〇一七年)の事業責任者をしているせとうちクルーズの吉田挙誠です。元々は「ONOMICHI U2」(二〇一四年)と「LOG」の責任者で、常石グループに入社して約一七年になります。最初のきっかけは「ベラビスタ スパ&マリーナ 尾道」(二〇一五年)の前身である「ホテル ベラビスタ」に改築する際、当時はレストランのマネジャーとして呼ばれました。

この施設は一九七三年に常石造船の顧客を迎える迎賓館「ベラビスタ」として誕生しました。世界中のお客様から高い評価をいただき、そのノウハウを活かしたおもてなしやサービスを整え、この地域から世界のラグジュアリー層に向けて発信するホテルとして、二〇〇七年に「ホテル ベラビスタ」に生まれ変わりました。

約五年ほど「ホテル ベラビスタ」に勤め、そろそろ地元の神戸に帰ろうかと神原勝成代表に相談したところ、「おいおい」ということで引き留めていただきました。それが二〇一二年の頃です。勝成代表から尾道・福山の街おこしの話を聞き、私もすごく共感し、是非これからもご一緒させていただきたいと考えを改め、常石グループに残ることにしました。私はそれまでレストランやサービス業を中心にずっとやってきたため、はたしてそんな自分に街おこしで何ができるのだろうかという戸惑いはありましたが、二〇一二年から新しいチャレンジが始まります。

二〇一二年当時の尾道が実際どんな街だったのかを正直に話しますと、平日は観光客がほとんど歩いていなく、学生や商店街の方々といった地域の人々の生活がきっちり残っている場所でした。週末になると、日帰りの団体バス旅行に参加している観光客が沢山来て、皆でロープウェイに一斉に乗り、尾道ラーメンを食べ、バスに乗って宿泊地があるまた別の街へ移動するという流れがメインだったと思います。当時の尾道には魅力的な宿泊施設はあまりなかったのです。

観光消費単価で言うと、わずか一〇〇〇円程度にしかならない状況だったと思います。これは何とかしないといけないということで、私たちはまず宿泊事業から始めることにしました。泊まれる拠点をつくることによって、街に今までと違う複合的なシナジーを生むのではないかと考えたのです。

例えば商店街もシャッター街ではあるものの、基本的に地元の方々が二階に住居を構えているため、新規参入で店舗を借りることもできません。尾道は観光と日常が重なり合っている地域だから、簡単に街おこしができないのです。観光だけに寄ってしまうと今まで通りの繁栄と衰退を繰り返していくことになるので、日常と観光の重なり合うものとして、尾道の風景をしっかり残していく必要がありました。街の文化や日常も感じられ、「この建物に泊まりたい」「この街に暮らしたい」と思ってもらえるようなものをつくろうと考えたのです。

一つ目の事業として、「せとうち 湊のやど」という、尾道の山の手エリアにある古民家二棟を再生し、宿泊施設として運営することになりました。一つは昭和初期に建てられた「島居邸《しまずいてい》 洋館」[図1]で、アースカラーのモルタル洗い出しの外壁、玄関横の円窓、二階バルコニーのアーチ型の支柱など、擬洋風建築の意匠が随所に見られる建物です。建築家の桐谷昌寛さんにお願いし、外観は当時の面影を残しながら、内装は既存の梁や柱を残し、カキ殻粉の粉末を使った瀬戸漆喰など自然素材にこだわりながら改修しました。

もう一棟は数寄屋造の「出雲屋敷」[図2]です。漆喰塗りの白い土壁に囲まれたこの屋敷は、出雲国松江藩から御用塩や綿などの交易のため、藩の役人が常駐する出張所でした。建築時期は不明ですが、一階にある茶室などは江戸時代に建造されたものだと推定されています。こちらは建築家であり建築史家の中村昌生先生に改修をお願いしました。

両方とも「LOG」の隣の敷地に建っています。当時は民泊という言葉

【図1：島居邸 洋館】

【図2：出雲屋敷】

もAirbnbもない中で始めたこともあり、非常に注目していただきました。同時並行で、尾道駅から西側にあった空き倉庫の改修プロジェクトとして「ONOMICHI U2」も進め、二〇一四年三月に開業します。

語り続けていくべき価値として

斜面地である尾道の山の手エリアには、茶園《さえん》文化という独特の文化があります。茶園とはお茶の庭園のことです。江戸時代の頃、物流の拠点として財をなした豪商たちが尾道に沢山いました。彼らは旅人や文人墨客をお茶でもてなし、日本各地の情報を聞いて貿易流通に役立てていたそうです。つまり、このエリアは情報交換の場、接待所として賑わっていました。実際に山には女中さんが暮らす場所があったり、料亭が料理を山の手に運び上げていたという歴史もありますし、「島居邸 洋館」の島居家や、「出雲屋敷」の出雲国松江藩にもそういった記録が残っています。

今は山の手まで上がってくる人が増えましたが、街の皆さん曰く、山の手には「LOG」の完成を機に何十年ぶりに上がった、あるいは花見をする時にたまに上がるという程度で、地元の人々もほとんど斜面地に上がることはなかったと聞き、すごく驚きました。たしかに住むとしても、車の幹線もなく徒歩で上がる山の手は不便です。実際に空き家も多くあります。そんな立地をマイナスに捉えるか、あるいは前向きに考えていくか。「U2」も現在は横断歩道や街灯もあるので、広く明るい観光の拠点として認知していただいていますが、二〇一二年頃は、周辺は暗くて人の姿もなく、地元の方からすると「あそこは危ないから行っちゃだめだよ」という場所でした。

山の手エリアは、街にとって有効な資源や文化的に残すべきものがある中、斜面地というだけで、地元の方々も中々手を出しにくい、スタートアップに苦戦する場所です。でも私たちは、そんな立地の特性を前向きに捉え、この場所ならではの建築をつくるチャンスだと考えたのです。

「LOG」は昭和三八年に建てられたアパートをホテルに改修したプロジェクトです。アパートが建つ前は、尾道の豪商であった天野家が所有する大邸宅があり、敷地内に蔵が幾つもあったそうです。その後、あの敷地にコンクリート造の大きなアパートが建ちました［図3］。

「LOG」の周りを見ていただくと、明治、大正、昭和に建てられた木造建築が並んでいます。車や重機が一切入らない斜面地のため、徒歩で荷揚げ、荷下ろしをすることになるため、木造の方が運びやすく、つくりやすく、且

【図3：アパートだった既存建物】

つ壊しやすいというメリットがあるからです。つまり、この山の手エリアにコンクリート造の建物ができたこと自体が大変珍しいことでした。そこで私たちは、この歴史を尾道の街の文化として語り続けていくべき価値と考え、過去から未来につなげるべく、建て替えではなく改修することにしました［図4］。「LOG」をはじめ、「U2」や「せとうち 湊のやど」など、建物の改修プロジェクトでは、既存建物の歴史背景がわかる資料を役所から提供いただき、街のお父さんやお母さんたちにもその建物にどういった人が住んでいたのかなど話を聞き、設計を担当する建築家の方々に共有しています。また、建物そのものだけでなく、建物や街の歴史を文献記録として残すことで、後世に語

【図4：斜面に建つ「LOG」】

り継いでいくことも大事だと考えています。そういった想いを建築家と施主に共有し、事業を運営・継続していくところまで一貫して考えながら、プロジェクトを進めていきました。

実験と検証の連続

「LOG」はどんな場所なのかについて、スタジオ・ムンバイとのやり取りを交えながら説明させてもらいます。客室の特徴としては、床、壁、天井と総和紙貼りにして、柔らかさが伝わる空間になっています［図5］。まずビジョイさんに客室のイメージを相談したところ、「繭に包まれるような」やミストやゴーストのような、「モヤがかかるような」「いつの時代かわからないような」「存在が何なのかわからないような」ということを提示いただきました。それなら日本の和紙が良いので

【図5：「LOG」の客室】

はないかということになり、内装は京都のハタノワタルさんにお願いしています。自ら漉いた綾部地方に伝わる黒谷和紙を用意していただき、内装を仕上げてもらいました。客室は全六室ですが、そのうちの一室はハタノさんの指導の下、ワークショップ形式でスタッフや一般の方々と共に和紙貼りを行いました。

また、入口の開口が広くなっていることも特徴の一つです。大きな両面開き戸があり、入ると下足する土間があって、次に寝室があり、縁側に続きます。縁側に設けられた窓がモールガラス［＊1］になっているのですが、ここにもビジョイさんの想いが込められています［図6］。モールガラスを用いることによって外とダイレクトにつながらなくなりますが、彼は「視覚から得る情報量をできるだけ減らしていきたい」と話していました。その真意は、「目で見えるものだけが全てではなく、今ある現実とつながるものを少しでも三階フロアから取り除きたい」ということでした。三階の客室やライブラリーの窓をモールガラスにすることで、手触りや音など視覚以外の感覚が研

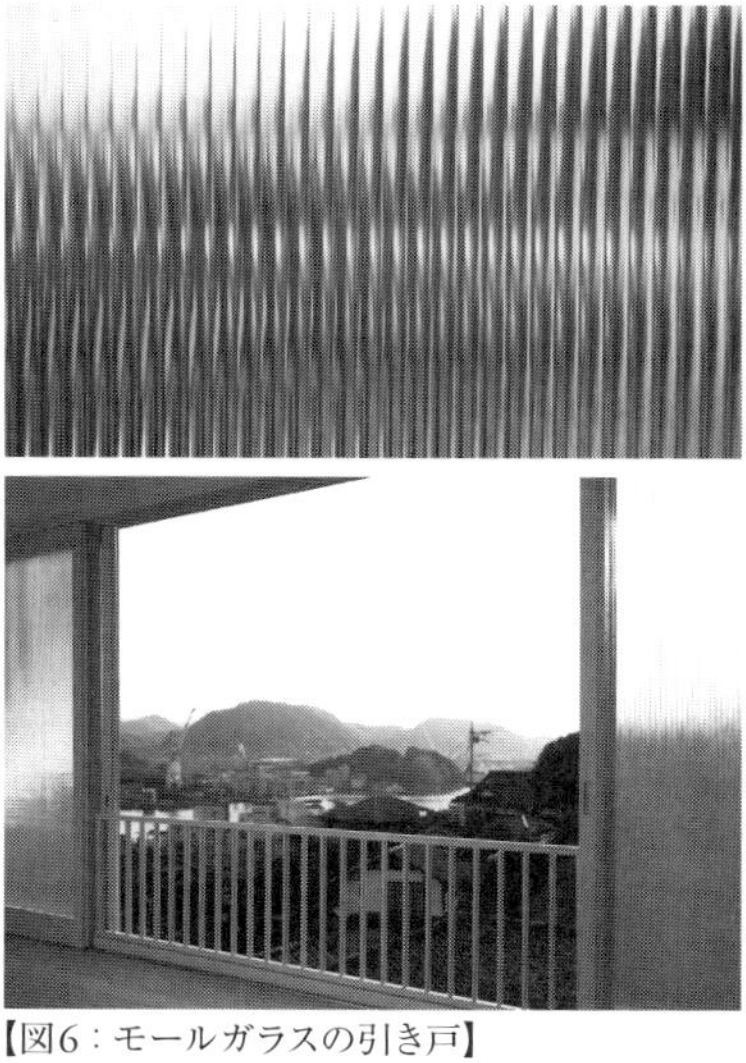
【図6：モールガラスの引き戸】

1――ストライプ状の凹凸が設けられたガラス。目隠し効果が高い。

ぎ澄まされる体験をしてもらいたいと話していました。

ビジョイさんは畳に布団が敷かれた空間をはじめ、「床間にしたらこういう形でもいいだろうね」「もう少し広い空間を取って、ゆったりと過ごしてもらうのもいいだろうね」など、スケッチに起こして様々に検討してくれました［図7］。

「LOG」はグループで泊まるお客様も多く、ビジョイさんからも若い人にも利用してもらいたいということで、最大四名まで宿泊できる部屋も用意しています。この部屋は一人につき一万〜一万二〇〇〇円ぐらいで泊まれるため、ご家族だけではなく、建築学生や女性グループの利

【図7：ビジョイ・ジェイン氏のスケッチ】

用もあり、「ＬＯＧ」の客室の中で最も稼働が高い部屋になっています。

家具もスタジオ・ムンバイにつくってもらいました。「ガンツウ」に広島県竹原市の竹細工職人がつくった椅子が置かれていますが、それをインドでつくってみたらどうなるかということで、彼らにもつくってもらったのです。バンブースツールと呼んでいますが、木の皮で座面を編んでいたり、染色でマリーゴールドやインド藍で染めるものを検証してもらいました［図8］。

折りたたみ椅子をつくってみようという話になると、彼らはプロトタイプを一六パターンぐらい一気につくってしまい、一つ一つを原寸でスタディしていきます［図9］。開業まで時間がかかった背景には、改修に際しての資金繰りや、思った以上に建物の状態が悪くて耐震補強に時間がかかったという側面もあるのですが、それらと並行してビジョイさんが一つ一つのディティールを検証して進めていったためです。現場チームも、打ち合わせでビジョイさんがスケッチを描くと、石はどうしよう、ウッドチップはどうだろう、これだったら自分たちでつくって塗装できるよね……といったように具現化への検証を行っていきました。

また、「ＬＯＧ」ではスタジオ・ムンバイやビジョイ・ジェインという名前が先に出てしまいがちなのですが、実はもう一人欠かせない人物がいます。

【図9：折りたたみ椅子のスタディ】

【図8：バンブースツール】

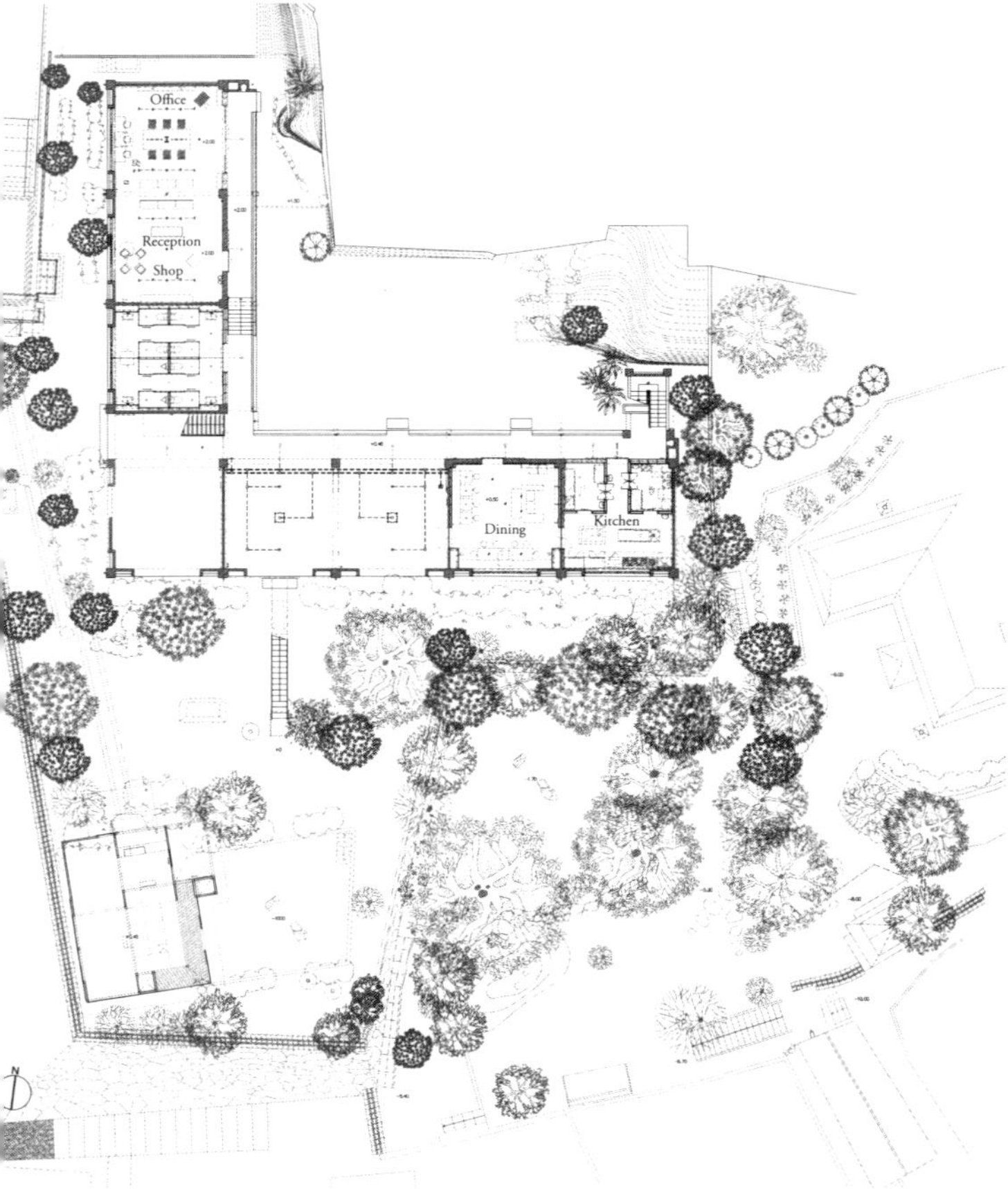
Office
Reception
Shop
Dining
Kitchen

【「LOG」／平面図　1階】

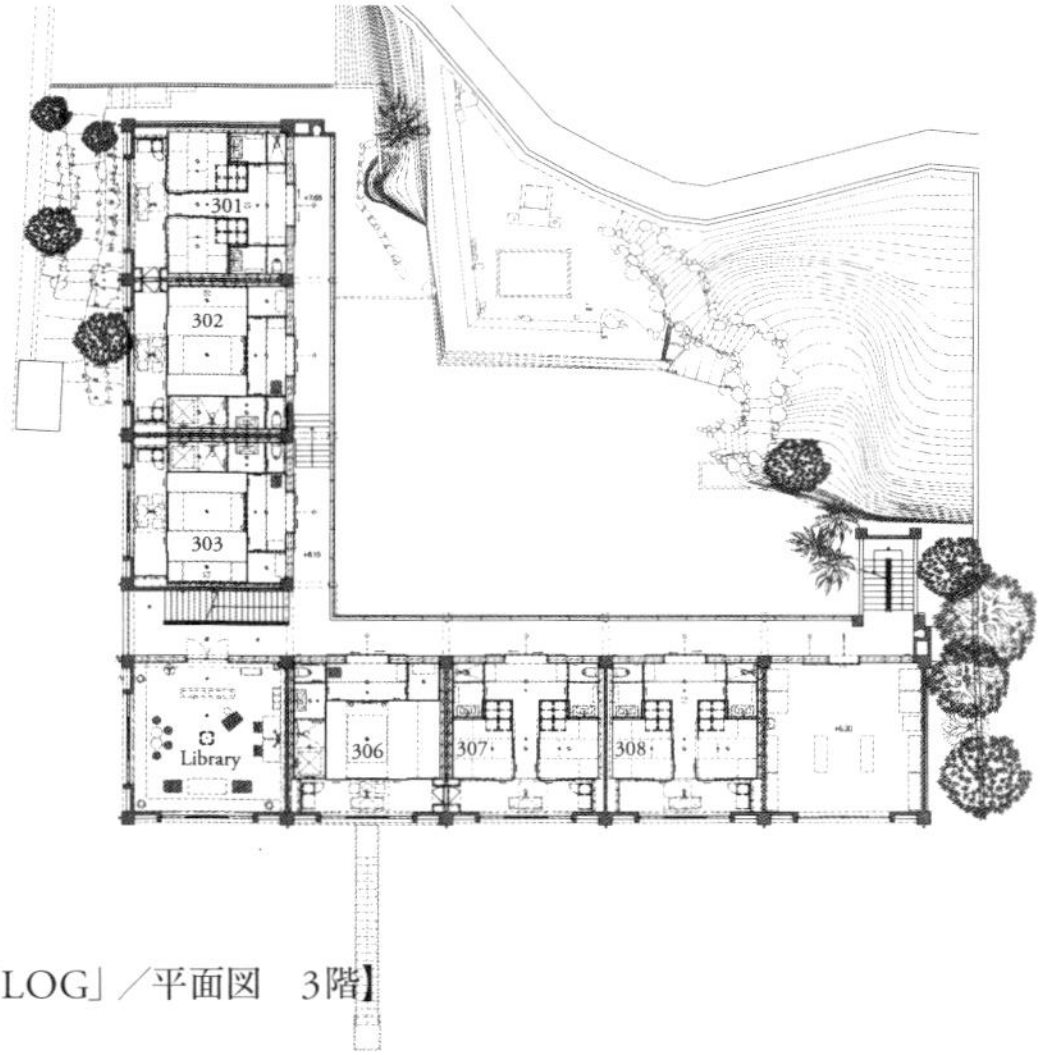

【「LOG」/平面図　3階】

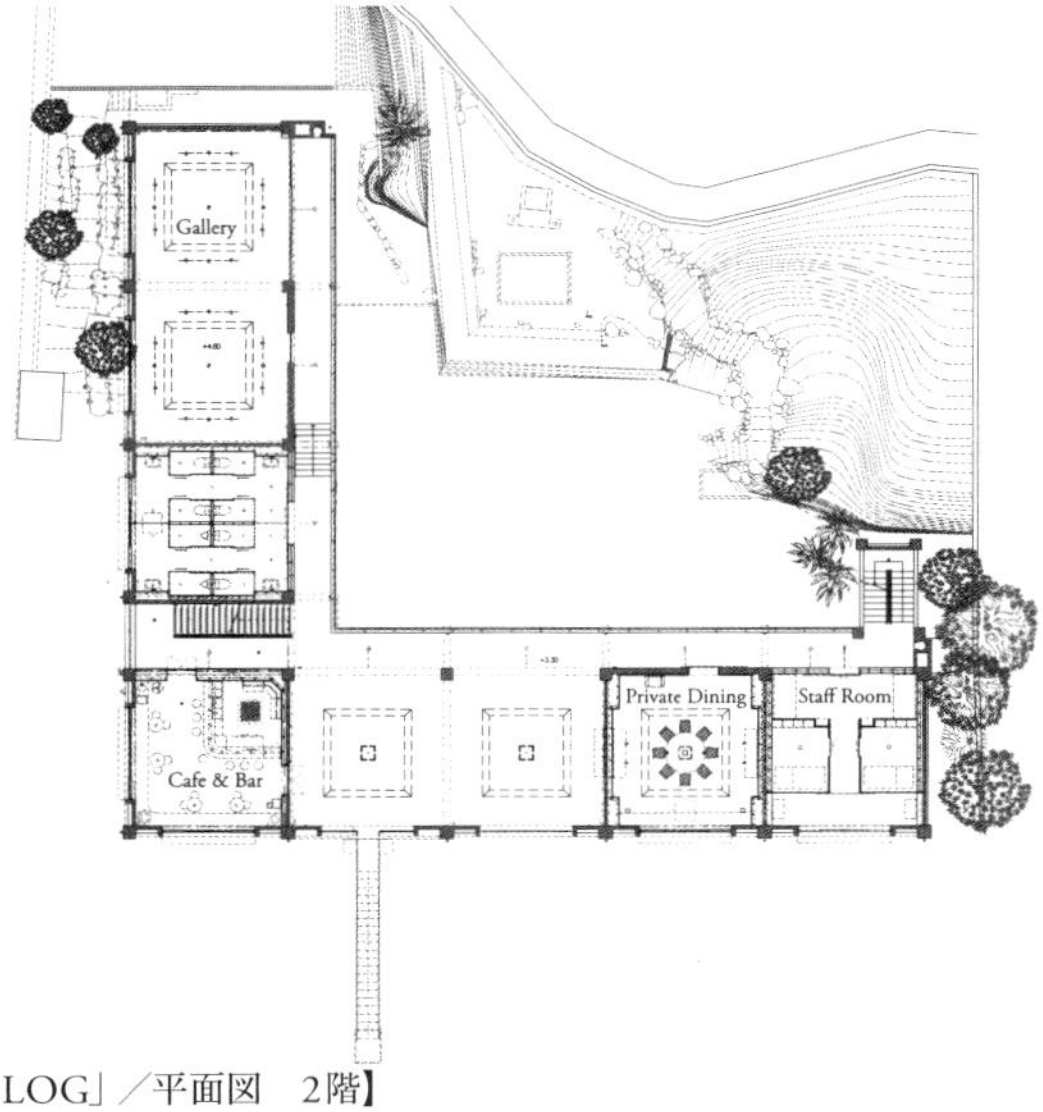

【「LOG」/平面図　2階】

カラーアーティストのムイルネ・ケイト・ディニーンさんです。ロンドン在住の彼女は、ビジョイさんから「カラーマスター」と評されるほどの人物で、スタジオ・ムンバイとはよく一緒にお仕事をしているそうです。ビジョイさんから是非彼女を参画させてほしいとのことで尾道に来てもらいました［図10］。

「LOG」は外装もインテリアも独特な色づかいと感じられると思います。スタジオ・ムンバイと同様、彼女もカラーサンプルをつくるとなると、微妙な差の配合を一つ一つレシピをつくりながら現場合わせで調整していきます。このカラーサンプルは一一四色にも及びます。新しいものをつくるだけではなく、昔使っていたものをしっかり再現できるように、そのレシピ帳は「LOG」に残してもらいました。

二階にはカフェ＆バーがあります。ここは宿泊

【図10：ムイルネ・ケイト・ディニーン氏】

客以外の方も利用できるように一般開放していて、昼にはお茶だけできる場所になっています。「アバンギャルドに」というビジョイさんから難しいテーマをもらいましたが、岡山のコーチカズノリさん、キタワークスと一緒に、家具や食器を設えています［図11］。

ダイニングは料理家の細川亜衣さんに、地域食材の活用といった地産地消だけではなく、レストランスタッフの人材育成にまで協力いただいています。食は泊まる目的の一つになると思います。料理家の先生を入れることには悩みましたが、シェフを呼んでくる方が難しいでしょう。当時の尾道は少しずつ注目されつつありましたが、移住者がいても定職につけないという状況でもありました。人材によってサービスの内容が入れ替わり立ち替わりすることは良くないため、長くレストランをやっている中で大きなチャレンジではあり

【図11：「LOG」／カフェ＆バー】

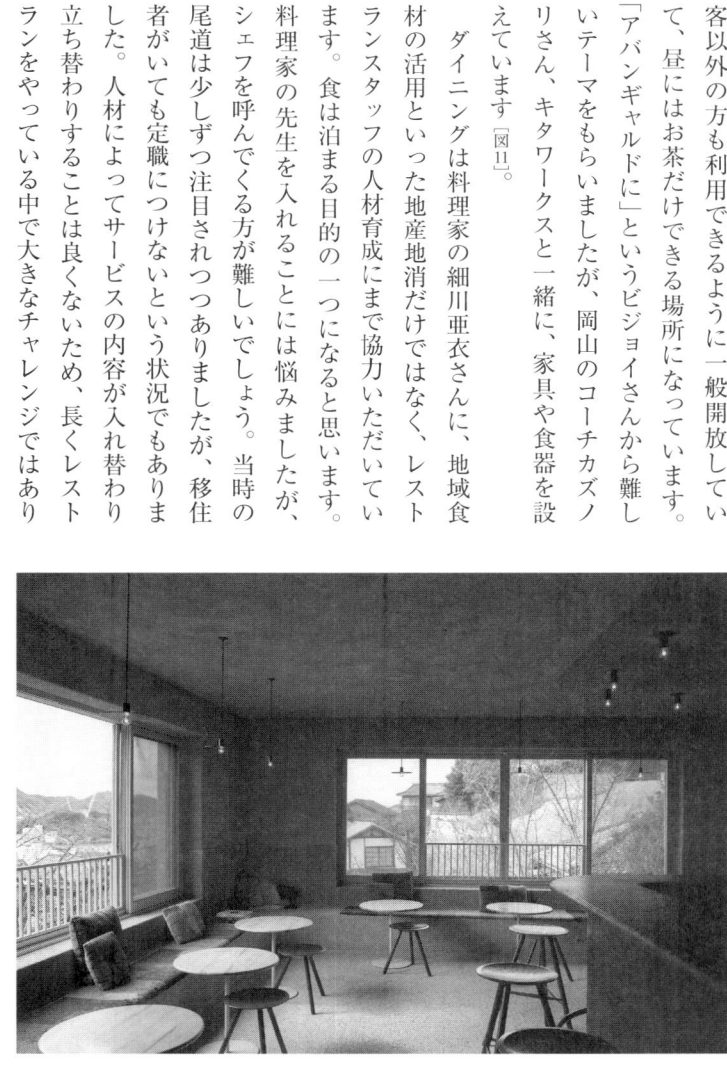

ましたが、シェフではなく料理家・細川亜衣に憧れる、且つしっかりと彼女の料理を再現できる若い人をスタッフとして抜擢し、建物と人材を同時に成長させていくことを考えました［図12］。

四年もの時間をかけて、空間、素材、色彩、食など、あらゆるものの検証を続けていき、「LOG」は完成しました。

山の風景の延長

改めて、スタジオ・ムンバイとビジョイ・ジェインさんについて簡単に紹介します。ビジョイさんはインドのムンバイ生まれで、アメリカのワシントン大学で建築を学び、ロサンゼルスとロンドンで実務経験を積み、インドのムンバイに帰国され、スタジオ・ムンバイを創設します［図13］。現在もスイスのスイス・イタリア大学大学院メンド

【図12：「LOG」／ダイニング】

リジオ建築アカデミーや、イェール大学の芸術建築アカデミーで教鞭をとられています。

ビジョイさんの言葉を借りてスタジオ・ムンバイがどんな建築集団なのかを説明すると、

スタジオ・ムンバイは学際的なグループとして運営され、アート、建築、マテリアルの境界を探求し、反復的なプロセスから作品を生み出していく環境を共有している。そこでは、プロセスや時間を表現に不可欠な要素として考え、アイデアを探求している。水、空気、光は我々の作品における物質性の基礎となっている。


とのことです。いつもビジョイさんと打ち合わせをすると、夜な夜なこういった哲学的なお話になることが多くありました。でも、実際にディティールまで細かい検証を何度も繰り返しながら「LOG」という建築がつくられていく様を、私たちは目の当たりにしました。

ここからはビジョイさんからのメッセージを紹介させていただきます。

【図13：ビジョイ・ジェイン氏】

私と尾道の出会いは、二〇〇五年に観た映画『東京物語』だった。『東京物語』は私の心に忘れがたい足跡を残しました。一九二〇年代に尾道で書かれた志賀直哉の代表的な著書『暗夜行路』、一九五〇年代に尾道で撮影された小津安二郎監督の『東京物語』、そして二〇一四年に初めて尾道を訪れ、現在の「LOG」のために現地調査した私自身の経験まで、尾道はパリンプセストという概念を体験する場所として私の中に存在しています。

「LOG」は志賀直哉が『暗夜行路』を書き下ろした旧居のすぐ近くにあり、同じくらいの標高です。そんな『暗夜行路』の一節をビジョイさんに伝えたことがあります。

「景色はいい処《ところ》だった。寝転んでいて色々な物が見えた。前の島に造船所がある。其処《そこ》で朝からカーンカーンと鉄槌《かなづち》を響かせている。同じ島の左手の山の中腹に石切り場があって、松林の中で石切人足が絶えず唄を歌いながら石を切り出している。その声は市《まち》の遙か高い処を通って直接彼のいる処へ聴えて来た。」

志賀直哉『暗夜行路』（新潮社、一九九〇年）

この一節を聞いたビジョイさんは、まさに志賀直哉が旧居から見た景色を「ＬＯＧ」でそのまま体現できるのではないかと考えました。三階のフロアを客室にした理由はここにあります。志賀直哉が見た景色と同じようなものを宿泊客にも体験してもらいたい。そこで、ミストやゴーストなど時代を飛び越える要素をインスピレーションに、六室の客室が設計されていきました。

ある日、日本から尾道でのプロジェクトに関するコラボレーションの可能性について問い合わせの電話があり、翌週には数名のスタッフがモンスーンの激しい時期に、はるばる（インドにある）私のスタジオにやってきました。

彼らが私の家に滞在している数日、若い世代が去った尾道に彼ら（若い世代）を呼び戻し、そして受け入れるために、また近隣や遠方から旅する人々を受け入れるために、どのような宿泊施設にすべきか、その多くの可能性について意見交換をしました。

若い世代を尾道に取り戻すために私が出した答えは、今日の「ＬＯＧ」

が寄り添っている「山の風景の延長」として、敷地、土地、建物の間を想像し、創造することでした。

開業前にビジョイさんが思い描いたスケッチは、志賀直哉の旧居があった三軒長屋から「ＬＯＧ」を見た景色になっています［図14］。

「ＬＯＧ」のプロジェクトでは、この場所（ＬＯＧ）が、尾道の街に溶け込み、私たちの五感と調和するような空間をどのように創り出すかについて、毎日毎日、話し合いを重ねました。

実施設計まで終わると、計画を容易に変更することは難しくなります。個人住宅などの規模ではなんとか可能かもしれませんが、規模が大きくなればなるほど変更しづらくなっていきます。ビジョイさんとゼネコンの間を、

【図14：ビジョイ氏が描いた、三軒長屋から見た風景】

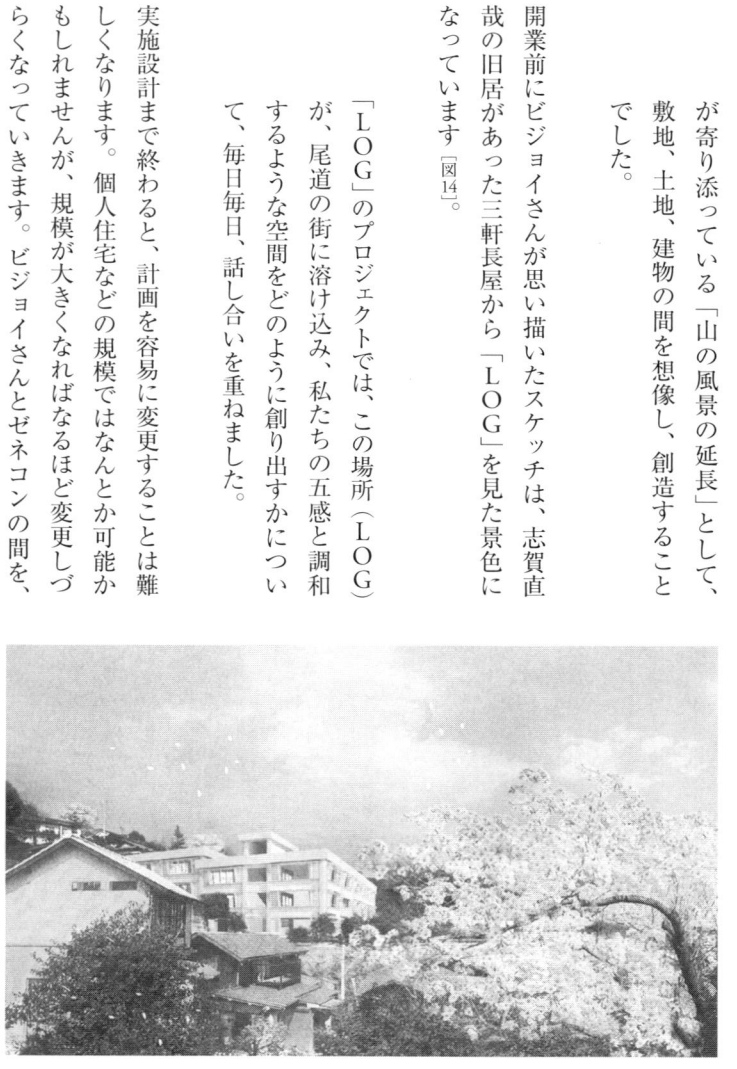

私たちはオペレーション側や施主の立場で進めていったのですが、現場の空気を取り持つことに本当に苦労しました。しかし、ビジョイさんは年に二、三回尾道の現場を訪れ、私たちをはじめ、工事を担当していたゼネコンの皆さんの気持ちを高めてくれました。ご自身のことを指揮者と言っていましたが、まさにその通りだったと思います

「ＬＯＧ」は、太陽、雨、月、そして庭に咲く桜の木々の移ろいと共に変化していく場所になっているでしょう。

開業後、沢山のお客さまが訪れてくれました。人だけでなく猫も鳥も犬も楽しんでいて、本当に光に愛されている空間だと思います。訪れた人々が様々な写真を撮り、ＳＮＳにアップしてくれています。それをビジョイさんに伝えると、とても喜んでいました。

また、ビジョイさんにパリンプセストについても語っていただきました。

パリンプセストには二つの性質があります。パリンプセストとは、個々の時間の層の区別を保ちながら、一方が他方に影響しているこ

とを明らかにしています。言い換えれば、パリンプセストは多層的な記録のことです。つまり、パリンプセストは、「永遠の保存」というユートピアの可能性を提示しているのです。

ビジョイさんとしては、空き家や誰も歩かないような道などマイナスのイメージで捉えていた場所が、建築の力や新しい改修を試みたことで、硬いものを柔らかくし、様々な時代や風景、建物、世代など、ダイバーシティを表現しているところが、「LOG」と「ONOMICHI U2」の共通点ではないかと話していました。

時の流れの中で、私たちは喪失感を経験します。しかし、何も失われてはいません。ただ、時間の経過の中で、私たちの感覚の中で見えなくなっているだけなのだと、私は思うのです。つまり、私達の文化をどのように定義していくのかは、私達の選択次第であると私は考えています。

そして、メッセージの最後に松尾芭蕉の詩が添えられていました。

古池や蛙飛びこむ水の音

この詩はビジョイさんの好きな詩の一つです。彼の解釈では、この詩で表現されている静寂・時間・気配は、尾道や「ＬＯＧ」を訪れる体験と同じであるということでした。

以上がビジョイさんからいただいたメッセージとなります。

セッション

光を観る方法

吉田挙誠＋梅原 真＋桑村祐子＋長坂 常

プロフィールはpp.332-348参照

観光の原点のズレ

吉田　昨日は皆さんに「ＬＯＧ」（二〇一八年）を視察いただき、先ほどはスタジオ・ムンバイのビジョイ・ジェインからのメッセージと、私から尾道周辺のプロジェクトに関する解説をさせていただきました。

梅原　僕は高知という辺境に住んでいますので、実は「ＬＯＧ」についてあまり知りませんでした。原研哉さんの「低空飛行」で「ＬＯＧ」が出てきて拝見した一度きりです。そもそもあまり情報を入れないで訪れることが好きなんです。前情報が入っていると「そういうことね」とわかった気になってしまうから。だから、ビジョイさんが設計したことも知りませんでした。

そんな状態で昨日実物を見て、更に今日聞いたメッセージについて感想を言わせてもらうと、観光の原点について想起されました。特にビジョイさんのメッセージに対してです。外国の人なのに、『東京物語』も志賀直哉も理解しているし、観光のことをよくわかっているなと。

観光の原点とは何かについて改めて考えてみると、その土地に住んでいる人々の暮らしを覗かせてもらうことだと思うのです。だから「光を観る」と書いたのだと思う。海外旅行も、外国に行ってその土地での暮らしを見せてもらうわけです。しかし、観光の原点がどこかで変わってしまいました。団体でフィリピンや韓国に行って遊び呆けるような形になったおかげで、観光という言葉がスポイルされてきたと思います。

僕は昨日と今日で『東京物語』を振り返り、志賀直哉の詩を聞くことで、山の石切場で歌いながら石を切っている人の風景こそが観光ということを改めて思いました。

吉田　この課題は尾道だけに限らず、日本全体の中で考える必要があるでしょうね。

梅原　ヨーロッパを訪れると、自分たちの暮らしを大事にしながら観光客を受け入れているなと思います。例えば、ベルギーを訪れると、ボビンレースを家の外で編んでいる人たちを見かけます。それはサービスで見せてくれているのですが、あまり自分たちの暮らしを阻害しないような形でやっている。そうでないと長続きしませんからね。日本の場合、受け入れ方が上手な浅草や京都などに集中し、そこに観光客が集まってきてしまう。外国人が四万十川に行きたがっても、今のところそこに受け入れ先がありません。

　僕は昨日の視察中、「ＬＯＧ」を日本のラグジュアリーと居直ってもいいのではないかとすら思いました。もっと言えば、観光はその土地の暮らし方を覗かせてもらうことだから、その街に溶け込むようなホテル、滞在する場所というラグジュアリーの在り方もあると思ったからです。ラグジュアリーという価値観はなんだか立派なもので、富裕層というか高所得者のお客を獲得していく方向性になっていく。でも、今一度「そもそも観光って何やった?」と立ちかえってもええと思うのです。

瀬戸前寿司

梅原　七、八年前に『ニューヨーク・タイムズ』で「今行かなければならない場所」みたいな記事があり、その八番目くらいに瀬戸内が登場していて驚いたことがあります。当時の瀬戸内を見回すと、旅の目的として瀬戸内国際芸術祭がありましたが、他には特になかったと思う。地中海はもうとっくに終わっていて、世界の興味がインランドシーに向き始めたということでしょう。彼らが抱いたのは島の内側にもう一つ海があるイメージです。大きなメリディテラニアンシーではなく小さなインランドシーがジャパンの中にあるんやでと、『ニューヨーク・タイムズ』はサジェスションしていたわけです。でも、その時に瀬戸内は動かなかった。世界が「今行った方がいい」と言ってるのに、瀬戸内は何してるんだろうと思いました。

その意味で言うと、食に可能性があると思いました。セッション1でも御立尚資さんから、なぜ瀬戸内海の魚は美味しいのかという話から日本列島ならびに瀬戸内の地形について解説がありました。僕はあの話を聞いている時に、寿司を思い浮かべたのです。

その昔、江戸で暮らす人たちは、江戸前にあるお魚をご飯の上にのせるという寿司を発明しました。それを江戸前と言った。江戸前というのは江戸湾（東京湾）のことです。だったら、瀬戸前もあるんちゃうのと思いました。セトマエだと語呂が少し悪いから、セドマエでしょうかね。

例えば、本州側のフェリー乗り場の近くにお寿司屋さんがあって、大将が「江戸前はあかん。瀬戸前は目の前にある海で獲れた魚を提供するのだから鮮度がちゃうよ」と。勿論、高松から新居浜あたりの四国側の沿岸にもお寿司屋をつくるべきでしょう。本州と四国の間にある島の中にも当然あるべき。そういった食の文化をプロデュースしてみたらどうでしょうか。すると、日本人も外国人も、東京の寿司は高いし瀬戸内に寿司を食いに行かへんかとなると思います。

高知にいると太平洋しか自慢がありません。「海の向こうはカルフォルニアじゃ。どうだ」みたいな。ところが、瀬戸内の人は瀬戸内海やそこで獲れる魚を自慢しませんよね。だから僕らからすると、「俺らは太平洋のこんな大きなカツオを食べてるんだ。瀬戸内に行ってみ。小魚やぞ。あいつら小さい魚ばかり食べてるわ」という感じです（笑）。でも、「小魚のなにが悪いんや！こっちは目の前の海におるとびきり新鮮な魚を食べてるんだぞ」と自慢できるはずです。カツオは目の前の海では獲れず、鰹一本釣り船などで沖に出ないといけませんからね。

よく考えたら、東京の築地には北海道から九州までのネタが来ていて、そこから江戸前のお寿司屋さんに届いているわけで、もはや江戸前ではないんですよ。でも瀬戸内なら、小さくて新鮮な、目の前の天然水槽で獲れた正真正銘の瀬戸内海の魚を寿司のシャリの上にのせることができるはずです。

もし、お客に「マグロはないの？」と言われたら、「迷い込んできたマグロならおります」と言って、他の地域から仕入れたマグロを出せばいい（笑）。そんな感じで、瀬戸内の食の文化もデザインしてみたらどうでしょうか。

クリエイティブさは妄想

梅原　「LOG」を視察して回ってる時、「ここを設計した建築家を呼んできた人は誰なの？」と聞くと、神原勝成さんでした。そこに感心していると、その前に見た神勝寺の寺務所や「ガンツウ」（二〇一七年）などを設計した建築家も神原さんが選んだと。この人、めちゃめちゃ目利きのあるプロデューサーやなと思いました。

桑村　私も「LOG」の開業後すぐに訪れ、建物の設計をスタジオ・ムンバイに依頼されたことにすごく感心しました。インドで彼らがつくっている建築を追体験できるような気分になったからです。しかし、まさかその建築家を神原さんが選んでいたとは今日まで知りませんでした。

「ONOMICHI U2」（二〇一四年）は谷尻誠さんと吉田愛さん、社員寮の「せとの森住宅」（二〇一三年）を藤本壮介さん、「ベラビスタ スパ&マリーナ尾道」（二〇一五年）を中村拓志さんなど、また「LOG」で言えば、責任者に吉田さんを選ばれたことも良い判断だったと思います。なぜなら私が初めて「LOG」に行った時、吉田さんの対応がとても丁寧で素晴らしかったからです。数年前に「ガンツウ」について頼まれてもいないのに色々意見を言ってしまった時があったのですが、その時も「吉田さんは絶対にチームに入ってもらった方がいい」と提言した覚えがあります。

吉田　そのおかげで今、「ガンツウ」にいます（笑）。

梅原　更に言えば、セッション1で神原さんがまともな話をすることに驚きました。ちゃんとした話をするんだなと（笑）。

でも、そこで僕の頭の中に構図が生まれてきたんです。神原さんがトップの総合プロデューサーになって、皆が下についたらどうだろうと。神原さんはお酒を飲んで笑い話や冗談ばかり言っているけれど、ホテルをつくる際にはインドからビジョイさんを呼んできたり、見たこともない「ガンツウ」という船までつくってしまった。まあ、お金を持っている時と持っていない時があるらしいけれど、どうやら今は持ちかけているみたいです（笑）。そんな時にグッとクリエイティブさが出てくる。クリエイティブさは妄想ですからね。妄想は背景にお金があったら徐々に湧いてくるものです。

「ＬＯＧ」自体も当初は妄想だったと思う。本質を見る目線で、石切り場の労働や瀬戸内海の風景を見てるうちに浮かんだクリエイティブがそこにあったのではないでしょうか。

金を持って何かしようとすると、どうしてもパークハイアットのようなホテルをつくりがちです。それが本当にラグジュアリーという言葉とイコールなのかわかりませんが、それとは違う方向もあると思います。むしろ、その相反する二つの方向で考えてみる。大きな枠組みでラグジュアリーを考えていく際、「ＬＯＧ」や尾道のような街にヒントがあるような気がしています。

ゴージャスはすぐに古くなる

桑村　新しいものをつくることはすごく大変です。新しいものをつくったつもりだけれど、実はそれは昔から既にあったなんてことも珍しくないと思います。でも、それが悪いわけでもありません。昔から愛着を持たれていて使い込まれたものの良さを再現することも、新しさを生む手がかりと言えるからです。

特にゴージャスなものは、いくら目新しくてもすぐに消費されて古くなってしまいます。やはり歴史の積み重ねの上でしか新しいものの手がかりは見つかりません。そういった意味でも、尾道のような観光と日常が重なり合って分厚くなっていく場所にしか、消費されない新しさは生まれてこないと思っています。

食に関して言えば、新しい土地でお店をかまえる時、その土地の素材を味付けせずに食べ慣れる必要があります。野菜は勿論ですし、鯛にしても、料理人たちは醤油をつけないで食べます。そういった食べ重ねでわかる素の味にしか、料理の手がかりがないからです。

日常で素材そのものの味を最も体験できるのは、野菜をつくっている農家さんや魚を獲る漁師さんたちです。皆さんが体験するとしたら茶懐石でしょう。茶懐石とは、お茶を召し上がる前にお腹に少し負担がないように必要最小限のものを体に入れておくための料理です。そこにはシンプルだけではない、最後のお茶が美味しくなるように工夫された洗練があります。だからご飯とお味噌汁と少しのお魚だけ出てくる。

今朝、ホテルの朝ご飯の会場に行くと、とてもおいしい炊きたてのご飯と少量の鯛が出てきて、まさに茶懐石だったのです。私は感激しました。ただ、チューブのワサビがのっていたのです（笑）。

私たちの和久傳でも、タイミングによっては良い鯛が手に入らない場合、二番手の鯛を使うよりアジやイワシをショウガとネギをのせて召し上がっていただくことがあります。醤油やポン酢はきちんとつくったものであることが大事で素材を活かしてくれます。チューブに入ったワサビを使うより、せっかくの瀬戸内の鯛は藻塩と海苔でおいしくすることもできますし、レモンや梅干しなどで瀬戸内の風土や味を引き出す方が地元食の楽しさに繋がるように思います。

「LOG」はそういったことを心得ている細川亜衣さんが食のチームに参

【図1：細川亜衣氏監修のメニュー】

加されていることで成功していると思いました[図1]。

最初にきちんとした基盤をつくることが前提ですが、物事が古くならないためには、ずっと小さなマイナーチェンジやアップデートをし続ける必要があります。ホテルや旅館、レストランでも、いくら建築として素晴らしくても、そこで出された料理と全体が合っていないともう一度行きたいと思えない場合が多いです。やはり、コンセプトと質を担保し続ける「人」の存在なしに上質な運営は難しいと思います。そんな中、「LOG」や「U2」、「ガンツウ」は、設計から運営までのトータル面で神原勝成さんが見ていらっしゃるので、古くならずに新しく在り続けるだろうと思いました。

吉田　「ＬＯＧ」を色々な視点で見ていただき、私たちも改めて身が引き締まる思いです。皆さんからの提言は次の世代に引き継いでいきたいと改めて感じました。

風景に呑まれた男

吉田　長坂常さんは、「ＬＯＧ」の向かいにある民家を購入され、「LLOVE HOUSE ONOMICHI」（二〇二二年）として改修されました。「ＬＯＧ」にも何度もお越しいただいていますよね。

長坂　梅原さんが言われていた通り、観光とはその土地の生活を覗かせてもらうことだなと改めて思いました。「LLOVE HOUSE ONOMICHI」はまさに、宿泊客である海外のアーティストと尾道の人々との新たなコミュニティになればいいと考えてつくりました。

僕が最初に「ＬＯＧ」に訪れた時、現地に着いたのは夕方でした。幹線道路

【図2：「LOG」から見た「LLOVE HOUSE ONOMICHI」】

から高架下のトンネルをくぐって、山の手の斜面をハアハア言いながら上がっていきました。到着後、夕飯まで時間があるということで周りを散策していたのですが、そこで見た風景が僕にとっては夢の世界というか、あまり体験したことのない空気感に完全に呑まれちゃったんです。

その後、「LOG」に戻り、吉田さんに建物を案内してもらいました。部屋に連れていってもらい、窓を開けた時、向かいの家が目に飛び込んできました［図2］。人の物を買いたいとか建物をほしいとか普段は絶対に思わないのですが、思わず「あそこには誰が住んでいるんですか？」と聞いてしまい、つい「買えるんですか?」と吉田さんに相談していました……。すると、「持ち主の方をご紹介しましょうか」と、なぜか話がとんとん拍子で進んでいったのです（笑）。コロナ禍になる前の五月ぐらいには、いつの間にか全ての段取りが整ってました。

なんでその家を買おうと思ったかと言うと、海外から友達が東京に来た時、いつもどこに泊まってもらえばいいのか悩んでいたからです。良いホテルは高すぎるし、価格が手頃なホテルは本当にチープだし、僕の家もそんなに大きくないのでいつも困っていました。そんなことに悩まされている中、尾道の家があったら、海外から来た友達に尾道の街を日本の生活として体験してもらえたら、きっと喜ぶに違いないと思いました。一週間とか中期的な滞在でも宿泊場所として提供できるでしょうしね。そんな理由で、「買えるんですか？」と口に出してしまったのだと思います。

しかし、いよいよ手に入るぞといった時に世界はコロナ禍になりました。外国にいる友達も日本に来れなくなってしまったし、冷静になってやっぱりやめておこうと思ったのです。……けれど、二〇二一年のミラノサローネから帰ってきた時、当時はまだ二週間の隔離が必要でした。どこで隔離するかと考えた結果、尾道の家を思い出したのです。そこで、関係者の方に連絡し、まずはお試しで二週間過ごしてみることにしました。

あの家は当時、トイレもシャワーもなく、電気もほぼ使えない状態でした。勿論、エアコンもありませんでしたが、夕方になると山から風が流れてきてとても気持ちよかったのです。そんな中で尾道の風景を眺め、改めて良い環境だなと思いました。見ていて本当に飽きないいし、全く苦痛にならない隔離期間でした。そこで、やはりこの家を買おうと決心したのです。

ビジョイさんのお話にも出てきた志賀直哉が見ていただろう風景はおそらく、「LLOVE HOUSE」から見える風景とほぼ同じだと思います。あの建物は志賀直哉旧居のすぐ上にあり、元々は同じ敷地内にありました。「おのみち文学の館」として旧居が公開される時に、あの家だけ切り離されたのです。だから標高はわずかに高いけれど、志賀直哉が見ていた風景はほぼ同じだと思います［図3］。

【図3：「LLOVE HOUSE ONOMICHI」から見える尾道の風景】

ホテルではなくコミュニティをつくる

長坂　「LOG」がラグジュアリーなら、この家はどうやって人がお金を使わずに快適に過ごしてもらえる場所をつくれるかを考えました。ホテルにすると建築申請上、安全面や衛生面で難しいし、且つホテルとしてのグレードを維持しようとすると、宿泊料金はどんどん高くなってしまう。そこで、僕が以前参加した「LLOVE」（二〇一〇年）という展覧会で協働したオランダのロイドホテルと再びコラボレーションし、「LLOVE HOUSE」という名のアーティスト・イン・レジデンスとして運営していくことになりました。

アーティストなら滞在しながら展示をしたり、料理家だったら滞在しながら料理をつくり、訪れたお客さんに提供するというような場所として利用してもらえたらと思っています。元々の構想は海外の友達を誘える家でしたし、彼らは基本的にクリエイターなので、その目的を達成するためにもアーティスト・イン・レジデンスという形で運営していくのが最適だろうと。年に二、三回、オランダと日本の交流をするような展示を行い、近所の人たちにも来てもらい、海外のクリエイターと尾道の人々が交流できる場所にしたいと考えています。

今回は改修と言っても、デザインをほとんどしていないというか、しない方がいいなと思いました。展示と言うとホワイトキューブという考え方がある一方で、エイジングされた場所も展示空間の背景になると僕は思っています。そこにあまり新しい要素を足すと展示がしにくくなるだろうから、既にある風景が綺麗なのでそことシームレスにつながることを重視し、できるだけ手をつけないことにしたのです。

隣にある離れに僕の事務所に勤めていた元スタッフの家族が住んでいて、彼らが「LLOVE HOUSE」を運営してくれています。彼らは建築家として、やれ東京、やれニューヨークという都会で活動する発想ではなく、地域に根ざした建築家の在り方をしたいという希望があったため、「LLOVE HOUSE」の運営について打診したところ意見が一致し、尾道に移住してきてくれました。勿論、尾道ですぐに設計の仕事があるわけではないので、僕からも仕事を提供しています。例えば、倉敷篇の報告（一三〇頁参照）で紹介する「立ち呑みura」（二〇二三年）は彼らに担当してもらいました。そうやって少しずつ西日本側の仕事を協力してもらいながら、徐々に彼らがこの地域に根ざしていければと考えています。

吉田　「ＬＯＧ」とは、「Lantern Onomichi Garden」の略称で、そこにはランタン（Lantern）というキーワードが入っています。対岸の向島から夜の尾道を見た時、山の手側だけ明かりがどんどん少なくなっていきます。そこで、「ＬＯＧ」の場所から明かりを灯し、山の手側も明るくしていこうと考え、ランタンという言葉が入っているのです。勿論、きらびやかな風景にするという意味ではなく、ぽつんと明かりが感じられるようにする。尾道という街は、これからも若い人たちが徐々に盛り上げていくはずなので、山側全てを私たちで明るくする必要もありません。長坂さんのように建築家の方々に加わっていただいたり、階段を上がったところにかき氷屋さんや焼き芋屋さんができたりと色々な人たちがチャレンジし、今まさに新しいコミュニティが生まれ始めている場所だと感じています。過去、現在、未来のものではなく、物語を紡いでいくことが、「ＬＯＧ」の構想でビジョイさんたちからいただいた尾道で生きる私たちのテーマになっています。

建築

ゲストスピーチ　足元にある宝物　堀部安嗣

セッション　観光資源としての建築　堀部安嗣＋高橋俊宏＋松田敏之＋青井 茂＋青木 優

足元にある宝物

堀部安嗣

建築家
堀部安嗣建築設計事務所 代表

地方は東京に、日本は世界に、世界は宇宙に憧れる

瀬戸内デザイン会議のゲストスピーカーとしてお招きいただき、ありがとうございます。ただ、スタジオ・ムンバイのビジョイ・ジェインさんの後に堀部安嗣が登場という、結構な差をつけた構成だなと思っています（笑）。

ビジョイさんが「LOG」（二〇一八年）の設計に際して、ディテールを決めるのに何日もかけて悩んだと聞きました。それが絵になりますし、皆さんも「ビジョイさんはやはりすごいな」と感心していることでしょう。勿論、僕も「ガンツウ」（二〇一七年）の床や縁側の高さを決める時、とても悩みま

した。ディテールに悩むビジョイさんは「かっこいいな。高尚な哲学があるんだな」と思われる一方、僕は造船所の現場スタッフの方々に「まだっすか?」と言われたり、おそらく「早く決めろよ」と思われていたことでしょう。僕の一番の悩みは、カリスマ性がないことです(笑)。

ビジョイさんはヴィジュアルもかっこいいですよね。僕は常石造船でヘルメットをかぶって歩いていると、作業スタッフと間違えられて「おまえ、そこの資材をどけとけよ」と指示されます。造船所にいる海賊みたいな人たちから、「おめえ、誰だよ」みたいな感じで怒られたり……。神原勝成さんにしても、「ガンツウ」の打ち合わせで初めて会った際、「堀部さん、床屋へ行きんしゃい」と言ってくる次第です。最初の挨拶にもかかわらずにですよ。だからビジョイさんが本当に羨ましいです。待遇が違いすぎます(笑)。

ビジョイさんは手紙の一つで皆さんに感動を与えていましたが、僕も「ガンツウ」をはじめとするプロジェクトや自分のデザインの背景にある考え方について紹介させてもらい、皆さんを感動させたいと思います。

数年前に上映されたハリウッド映画「ファースト・マン」(二〇一八年)をご存じでしょうか。デイミアン・チャゼルという僕が大好きな映画監督がつくった作品で、人類で初めて月面歩行したアポロ計画に参加したニール・

アームストロング船長の自伝的映画です。ハリウッドでアポロ計画を取り上げると、同じ題材を扱う他の作品のように、だいたい英雄伝になりがちです。しかし、「ファースト・マン」はアームストロング船長の虚無感や悲壮感、光の裏にある影を描いた映画作品でした。

地球では緑豊かで美しい自然に囲まれた家族との平和な世界にいたのに、なぜ東西冷戦の意地の張り合いに巻き込まれ、自分はこんなブリキの箱に閉じ込められて危険な目に遭わなければいけないんだと、彼は月面着陸というミッションの意義について葛藤します。そして、成功の可能性は低い、ほぼ死が隣り合わせのようなミッションであったものの、ようやく月にたどり着く。しかし、そこには酸素もなければ、緑も水もない。なんで俺は大切な家族から離れて、美しい地球から離れて、こんな死の星に来なければいけなかったんだと思いを馳せます。「ファースト・マン」は、そんなアームストロング船長の視点でアポロ計画を描いていました。

彼が月から見た地球の一部に瀬戸内海もあります。アームストロング船長の気持ちになってみると、死の星に行ってようやくこの地球の素晴らしさや、今まで当たり前のようにあったものの貴重さやありがたさに気付けるわけです。同様に瀬戸内の方々を見ていると、素晴らしい環境に住んでいると

【図1：塩飽諸島本島】

いう意識や、自分たちの足元や身近なところへの評価をあまり自覚されていないように感じることが多いです。つまり、瀬戸内という環境を当たり前と思ってしまっている。

例えば、塩飽諸島の本島は、既にある豊かな環境を建築がしっかりと支えています［図1］。自然と人工物、建築との関係が素晴らしいです。一方で東京は、歴史が積層されたエリアにも高速道路などの人工物が縦横無尽に走っている［図2］。東京だけでなく多くの地方都市でも同じことが言えます。富山県の宝物とも言える霊峰立山の麓を見ても、使い捨ての広告看板が道路の両脇に溢れています［図3］。これが現在の日本の現

【図3：立山の麓の街並み】

【図2：江戸城の石垣の上を走る首都高速道路】

実だと思います。

地方は東京に憧れ、日本は世界に憧れ、世界は宇宙に憧れる。きりがないですよね。どんどん遠くのもの、自分たちから離れたもの、あるいはグローバルなものを評価しがちで、自分たちの足元を中々評価してこなかったのが、この数十年の日本社会ではないでしょうか。

ヒュッゲ

なんで建築をやっているのか、自分の仕事が他者や社会にどんな効能をもたらすのかを考えた時、幸福感みたいなものに行き着きます。自分自身は勿論、仕事を通じて関わった方、周りの方々、それから次世代の人々に幸福感を広げていきたいと考えています。綺麗事のように聞こえるかもしれませんが、それしかないと本当に思っています。デザインという仕事はそういうことだと、最近になってより強く認識するようになりました。

僕は宗教家でも哲学者でもないので、幸せについて語るのはちょっと照れくさいし、厳密によくわかっていませんが、少しだけ話させてください。そもそも幸せとは人それぞれで価値観が異なるから、一つの物差しで測れないものです。ただ、国別の幸福度ランキングを見ると、デンマークはいつも一位、二位を争っています。そんなデンマークには「Hygge（ヒュッゲ）」という言葉があります。その意味は、

（一）家族や友人との時間を大切にする
（二）時間の流れを意識する
（三）無理をしない　見栄をはらない
（四）自然を身近に感じる
（五）物を大切にする
（六）心地いい空間づくりを心掛ける
（七）ミニマムに暮らす
（八）手づくりのぬくもりを感じる
（九）仕事に縛られない
（十）今あるものに感謝する

デンマークの人々はこのような心持ちで日常を送っているそうです。実際にデンマークの友人に「ヒュッゲとはこういうこと？」と確認すると、「まさに

そういうことだ」と返ってきました。逆説的に言えば、デンマークの方はこういった心持ちで日常を送っているから幸せだとも言えます。特に、「自然を身近に感じる」「無理をしない」「手づくりのぬくもりを感じる」「今あるものに感謝する」あたりは、幸せにつながる大切なことでしょう。

この数十年、日本はこの真逆をやってきたのではないでしょうか。「時間を大切にしない。時間の流れを意識しない」「無理をする。見栄をはる」「自然を身近に感じない」「物を大切にしない」「心地いい空間づくりを心掛けない」「手づくりから離れていく」「仕事に縛られる」、そして「今あるものに感謝をしない」。より中央やグローバル、遠くのものを意識し、そこに憧れや評価を持っていく。ヒュッゲとは真逆のことをやってきてしまったため、先進国の中でも幸福度が低い国になってしまったのでしょう。

「ガンツウ」をつくる時も、「今あるものに感謝する」「手づくりのぬくもりを感じる」「自然を身近に感じる」「無理をしない」など、今思えばそういったことを大切にして設計をスタートしたように思います。瀬戸内という宝物のような場所があったので、そこを無理に脚色したり新たな価値を入れ込まなくても、十分成立すると思ったのです。

建築と船の違い

しかし、現場で「ガンツウ」の一部となる甲板の上に設けられる客室の躯体ができ上がってきた際、それを見て「これが本当にラグジュアリーな船になるのか」と愕然とした覚えがあります。歪みも大きいし、造船所の仮設トイレのような印象でした。正直に言えば、「大失敗したな」と。当時の現場で撮ってもらった写真を見てもらえれば、僕が作り笑いをしているのがわかるかと思います（笑）[図4]。「やばいぞ。これはラグジュアリーにはならないわ」とスタッフと共に肩を落とし、同時にこれからどうすればいいのかと焦りました。船体ができ上がった際も廃墟感すらあったし、溶接の跡が荒々しい姿が、建築のつくり方しか知らない僕たちには非常に衝撃的でした[図5]。

【図4：客室の躯体と、作り笑顔の堀部氏（中央）】

【図6：進水式の様子】

しかし、進水式を迎える頃に、一気に様変わりし、「マジかよ！ かっけぇーじゃん」となります。「ガンツウ」の進水式は人生でも一、二を争うぐらい、全身から涙が出るような感動的なシーンでした［図6］。今思い出しただけでも、うるうるきます。

当然ですが、僕も進水式という行事は初めてでした。てっきりエンジンなどの設備を積んだ状態で海に出るのかと思っていたら、進水式の段階では艤装《ぎそう》［＊1］前だから、船は全く動けないのです。動力性能がないまま「おまえ、海に行ってこい」といった感じで、門外漢の僕はとても心配で「本当に浮きますかね？ 浮くんですよね？」と常石造船の方に

1——船舶・自動車・鉄道車両などの製造過程のうちで、原動機や室内外の各種装備などを船体や車体に取り付ける工程。

【図5：船の躯体】

詰め寄ったら、「当たり前じゃないか。俺らの技術を何だと思ってんだ」とすごく怒られてしまいました（笑）。それでも心配で仕方なく、大本公康さんにも「大丈夫ですかね？」と聞いたら、「いやぁ、もし沈んだらそのまま潜水艦になればいいんちゃうか」と流されてしまいました（笑）。

建築と船では生成過程が全く異なります。建築の場合、地盤を整え、基礎を打ち、土台を敷いて、柱を立て、梁を渡して屋根を架けていく。基本的には下から順番に進めていきます。しかし船は、造船所の中でそれぞれのパーツをつくり、最後にそれらを合体させていきます。

最初は屋根も歪んでいるし、波打っている。柱も曲がっていて垂直ではありませんでした［図7］。そして建築と最も違う点は、水平の場所がないこと。床も全て水勾配が付いているからです。だから、どうやって水平・垂直をとるのかと聞くと、水平・垂直に見えるというところまで調整すると……。建築ではあり得ません。しかし、そういったことを指摘して「大丈夫ですか？」と聞くと、造船所の人にまた怒られてしまう（笑）。このように、船のつくり方に慣れていないため、現場では気を揉んだり怒られたりで大変でした。

天井は鉄の下地の上にサワラを張っていますが、それは陸上の大工さんの仕事です［図8］。「ガンツウ」は構造などを造船会社が担い、内装は陸の大工さんが

【図7：鉄で組まれた屋根】

【図8：サワラが張られた状態】

担うといった、陸海のプロフェッショナルによる協同作業でつくられています。

風景を生かす屋根

進水式の時には「ガンツウ（guntû）」という名前は既に付いていました。名前はこれまた飲みニケーションの場で決まりました。勿論、飲みニケーションの前にはネーミングを皆で真面目に議論する時間もあったのです。屋根が特徴的なので屋根に絡めた名前がいいのではないかと、僕も一生懸命考えました。屋根は英語で「roof」ですが、それではおもしろくないため、イタリア語にして「tetto」と提案すると、イマイチだと一蹴されました。「じゃあ、〈テトナイカイ〉にしましょう」と言ったら、笑ってくれたのは大本さんだけでした（笑）。

その場では決まらず、その後の飲み会で名前を付けようという流れになりました。やはり日本語がいいだろうという共通認識はあり、できたら方言も取り入れるといいよねと話していました。その時に、神原秀明さんが「ガンツウ」と提案してくれたのです。僕だけでなくアートディレクションを担っていたデザイナーの平林奈緒美さんもピンと来たそうで、二人は大賛成でした。僕は読売ジャイアンツのファンだし、Gから始まるのが特に良いなと。

でも、神原勝成さんは「ふざけた名前じゃ！」と反対していました。翌日も電話がかかってきて「あんな名前でええんかいな」と心配されていたので、僕は一生懸命説得し、あれよあれよと決まってしまいました。聞くところによると、平林さんも「〈ガンツウ〉という響きはロゴデザインに落とし込みやすくて良いと思う」と勝成さんを説得してくれていたそうです。

ちなみに客室についても秀明さんから、船の一番良い場所に最もラグジュアリーな客室を用意しようと提案がありました。本来、最も眺めのいい船首には操舵室があるべきです。でも「ガンツウ」では、船首前方に「ザ ガンツウスイート」［図9］を設け、その客室の下を操舵室にしました。そんな構成が可能になったのは、瀬戸内海が内海だからです。操舵の際に遠くまで視界が要らないということで許可されました。

また、カンボジアのメコン川のクルーズが大きさやスピードなどにおいて「ガンツウ」の参考になるということで、皆で視察に行きました。その帰りに、プノンペン空港で最初のスケッチを描きました［図10］。瀬戸内海を航海する船だったら、屋根で風

【図9：ザ ガンツウスイート】

景を切り取った方が綺麗だろうと思い、屋根のスケッチを描いたのです。造船の設計チームにも見せて可能かどうか聞いてみたら、「いけるんじゃないか」ということで、具現化することにしました。

最初にお話しした通り、瀬戸内海という本当に美しい宝物が既にあるので、その美しさを最もシンプルな方法で際立たせることを考えた結果、それに不可欠なものが屋根でした［図11］。その際、素材にも注意しました。躯体は鉄でできていますが、瀬戸内海の風景を切り取るものは鉄ではないだろうと。当然、コンクリートでもなく、木の柔らかさだと思いました。もし「ガンツウ」に屋根というフレームがなかったら、瀬戸内海の風景の見え方はかなり変わっていたと思います。

料理人の方が、素材が良ければ濃い味付けは必要なく、ちょっとした焼き加減や塩梅で十分でそれが一番美味しいと言いますが、それと全く一緒です。瀬戸内海という素材が圧倒的に良いので、濃い味付けは必要ない。屋根という額縁は料理におけるお皿のような存在かもしれません。ただ、そうは言っても設計中は、何か物足りないかもしれない、もう少し味付けしないとラグジュアリー感を出せないのではないか、淡泊過ぎないかとずっと心配でした。でも完成してみると、これで良かったとはっきり思えます。

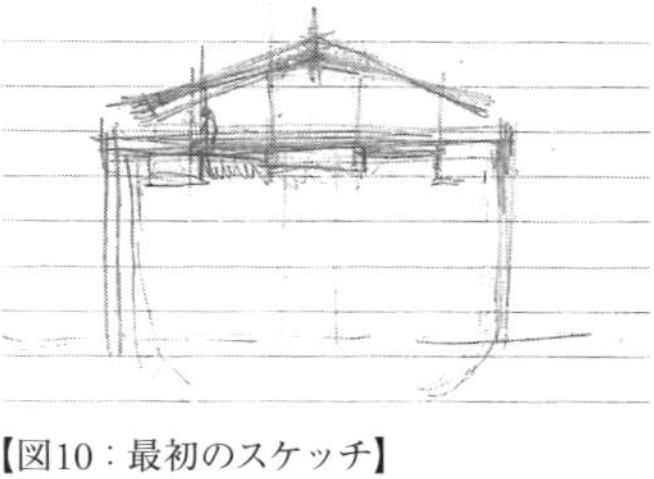

【図10：最初のスケッチ】

【図11：瀬戸内海を切り取る、フレームとしての屋根】

「ガンツウ」で点から面をつくる

「あるものを生かす」ということが人によっては「すごく新しいね」「見たこともない」と評価してもらうのですが、自分としては新しいものをつくった気はしていません。自分の思い出や記憶の中にあるお寺や庭の風景や、そこでの体験が身体の中に眠っていて、船を設計する時にそれがそのまま発露しただけだと思っています。決して変に和風を狙ったり、日本的なものをつくろうとしたわけではなく、自分の体感の記憶が出てきたということです。

日本の建築は元々、水に親しむ性格があります。金閣寺も池の上にあるし、後楽園の流店、香川県の栗林公園にある掬月亭［図12］も、どこか船みたいですよね。これらを「ガンツウ」に直接取り入れたわけではありませんが、自然とそうなっていきました。掬月亭は大好きでよく行っていたので、その経験が反映されたのだと思います。

「ガンツウ」を設計した後、福山の対岸にある香川県三豊市の父母ヶ浜の近くで、「讃岐緑想」（二〇二〇年）［図13］という宿泊施設をつくりました。父母ヶ浜は元々知る人ぞ知る浜だったのですが、三豊市の観光課の女性が

【図12：掬月亭】

2――アメリカ原産の黄色種と呼ばれる葉煙草を乾燥させる小屋のため、米葉（米国の葉）小屋から転じて「ベーハ小屋」と呼ばれる。第二次世界大戦前後に数多く建てられ、一九七五年頃までは使われていた。現在は、納屋や廃屋として全国に残っている。小屋自体は木造で、二間×二間（約四メートル四方）の平面を基本とし、切妻屋根の頂

SNSで綺麗な写真を発信し、今では日本のウユニ塩湖と言われて注目されている場所です。

香川県にはかつて、ベーハ小屋[*2・図14]というたばこの乾燥小屋が沢山あり、今も多く残っています。「讃岐緑想」はベーハ小屋を参考にしたわけではないのですが、風土に合わせていくと結果的に近しい形状になりました。その土地にある原風景を継承したいという想いもありました。

現在、香川県さぬき市の国立公園である大串自然公園内に「時の納屋」（二〇二四年）[図15]という休憩場所を兼ねた飲食施設をつくっています。これは行政が発注する公共建築です。本当に素晴らしい景観の大串

【図13：「讃岐緑想」】

【図14：ベーハ小屋】

部に「越屋根」と呼ばれる換気用の小屋根がのっている。壁は竹小舞土壁の大壁で仕上げられ、薪を焚く焚き口と地窓（吸気口）、温度管理用の小さな小窓が付いている。かまどで薪を焚き、床に張り巡らされた鉄管の中に熱を送り、その輻射熱で室内の温度をコントロールして、葉煙草を乾燥させる。その乾燥の機能上、平屋建てだが軒高四メートル以上の内部空間が必要となり、独特のプロポーションが生まれた。

【図15：「時の納屋」のスケッチと模型】

半島の先端に、昭和の頃につくったホテルとレストランがあったのですが、その跡地が今回の敷地になります。プロジェクトのテーマは、国立公園にふさわしい景観に戻していくことでした。建築を新しくつくるのだけれど、時計の針を逆回転して元に戻していく、あるいは治療していくことを考えました。

建物からは小豆島が見えますが、その小豆島の南側に「ガンツウ」がやってきます。「讃岐緑想」がある父母ヶ浜にも「ガンツウ」がやってくる［図16］。「ガンツウ」によって陸の建築がつながってきました。建築は動けないので点に過ぎません。「ガンツウ」によってその点が線になって、面にもなっていくといったおもしろい展開になってきました。「ガンツウ」を手掛けたことで、さぬき市や三豊市の方々に評価していただき、カリスマ性がないからこそ、このようなプロジェクトに取り組めたと思っています（笑）。

瀬戸内での設計活動を介して、自分たちの足元を見つめ、既に身近に存在している価値に気付き、そして評価を与えることの大切さを改めて気付かせてもらいました。

【図16：父母ヶ浜から見える「ガンツウ」】

セッション

観光資源としての建築

堀部安嗣＋高橋俊宏＋松田敏之＋青井 茂＋青木 優

プロフィールはpp.332-348参照

海で遊ぶ文化を耕す

高橋　工芸やデザイン、食、伝統、地域など、日本の文化的魅力を再発見する『Discover Japan』というメディアを始める前、私は住宅建築の本をつくっていました。その背景には、住宅という人生最高で最大の買い物を、ハウスメーカーで買っていいのだろうかという問いかけがありました。敷地に呼応した家や、オーダーメイドのデザイン、何より自分らしい暮らしを実現するためには、建築家にお願いする方法があることを知ってほしいという思いがありました。

そんな住宅の本をつくっていると、今度は家の中に置く家具はどうしようかといった関心になることから、インテリアや家具デザインの本をつくることになりました。その時につくった本が、北欧のデザインを日本に紹介する『北欧スタイル』です。その取材で、Yチェア（正式名称：CH24）という名作椅子でよく知られているハンス・ヨルゲンセン・ウェグナーさんの家に伺いました。しかし、ウェグナーさんの奥さんにいきなり「あんた、何しに来たの？」と言われてしまいます。「日本に北欧のデザインを紹介する本をつくろうと思って取材に来ました」とご挨拶すると、「何言ってんの。あんたの国の方がよっぽど良いものがあるじゃないの」と怒られてしまったのです。

たしかにウェグナーさんのご自宅には、壁に日本の民具である蓑が飾ってあったり、日本の焼き物が沢山あったり、書斎には桂離宮や民家など日本の伝統や文化に関するヴィジュアルブックが並んでいました。いわゆる北欧諸国はデザイン先進国と思われていますが、ウェグナーさん然り、実は一九五〇年代に活躍されたデザイナーたちは日本のデザインにすごく影響を受けていたのです。語弊を恐れずに言うと、日本のデザインを参考にしたからこそ、北欧デザインが生まれたのです。

これは僕が勝手に言っているわけではなく、デンマークにあるデザインミュージアム・デンマークで「LEARNING FROM JAPAN」という展覧会が二〇一五～一九年まで開催されていて、そこで日本のデザインから受けていた影響について紹介されていました。そこでは例えば、日本の浮世絵を模したロイヤルコペンハーゲンの絵皿もありました。あとは民藝です。戦後の限られた資源しかない中で北欧のデザイナーたちは、実用的なんだけれど美しい生活用具をつくらなければならない。そんな中で日本の伝統や文化、用の美といわれる民藝、デザインを参考にしていたのです。

それがわかると、「北欧デザインは最先端！」と他所の国を褒め讃える本をつくっている自分がなんてバカなことをしているのだろうと思いました。北欧のデザインのルーツは日本にあった。しかし、その事実を知っている日本人はいない。そこで日本のことをきちんと取り上げ、しっかり自国の文化を見つめ直す本をつくらないといけないと思い、『Discover Japan』という雑誌を始めることになります。堀部安嗣さんのゲストスピーチを聞きながら、そんなことを思い返していました。

さて、ここからは海と建築について皆さんと議論していきたいと思います。ちょうど一年前の第二回瀬戸内デザイン会議（フェリー篇）で、松田敏之さんの「海島」プロジェクトがキックオフになりました。そして半年前の

第三回瀬戸内デザイン会議（倉敷篇）ではお父様の夢でもある客船の構想も進めているといった報告もありました。まずはそれらの海関連のプロジェクトを介して、松田さんが海や建築についてどんなことを考えているかをお聞かせください。

松田敏 瀬戸内デザイン会議に来るたびにインプットが沢山あります。経営者はインプットするとどうしてもアウトプットしたくなるのですが、それができないとすごくストレスを感じてしまうものです。それの繰り返しで、この会議もプレ会議を含めると五回目の参加になるので、そろそろパンクしそうだなと思いながら、今、プロジェクトを幾つか進めています。

倉敷篇でも少し報告させてもらいましたが、世界初の分譲型の客船をグエナエル・ニコラさんとつくっています。船は全長一一七メートル、幅一九メートル、総トン数一万トン、航行速度一五ノットになります。客室数は六〇室でこれらを分譲します。

現在、おおよその設計が終わった段階です。しかし、日本の造船所に声をかけたところ、どこも「クルーズ船はつくりません」と断られてしまいました。唯一つくっていた長崎にある三菱重工業長崎造船所もクルーズ船の建設で約三〇〇〇億円の赤字を出されて、もう客船だけはやりたくないと……。その結果、ポルトガルの造船所にお願いすることになりました。
　日本は島国であるにもかかわらず、海で遊ぶ文化がありません。でも、今回の分譲型客船の事業スキームが成功して一般的になれば、もっと海で遊ぶ文化を耕していけると思うのです。船が増えていけば、皆さんが考えている瀬戸内の未来にも近づくのではないでしょうか。瀬戸内をはじめ、日本は海に囲まれているわけですから、海が盛り上がっていく事業のきっかけをつくっていきたいと考えています。

高橋　客船のリリースはいつぐらいですか。

松田敏　現在の為替でつくると大変なことになってしまうので、ユーロが一四五円程度になった瞬間を予定しています。ただ、既にポルトガルの造船所が船台を空けて待ってくれていて、造船契約を結ぶデッドラインも迫っています。今はタイミングを待っている状況ですね。

海の上に土地をつくる会社

松田敏　勿論、私は「海島」も全く諦めていません。半年前にツネイシホールディングスの社外取締役にしていただき、船や造船についても改めて勉強し直しています。

まず、「海島」を実現するためには様々なレギュレーションを守らないといけません。全てにおいて安全を優先することがサービス事業者の掟、交通事業者の掟、海運事業者の掟なので、訪れた人が「海島」で安全で快適に過ごせるように、レギュレーションを丁寧に調べています。また、経済的に見通しが立たないプロジェクトを経営者のエゴでやってしまったら仲間に迷惑をかけてしまいます。そのために色々なシミュレーションも行っています。

「海島」ではバージという板が浮いている状態で、移動時はタグボートで引っ張るという想定になります。しかし、バージをタグボートで引っ張っている間はお客様を乗せることができません。バージが船という扱いになると、揺れた時に元に戻る復原性を担保する必要があるし、浸水した時にどのぐらいの時間をかけて沈むかという隔壁の問題など、様々なレギュレーションが出てきます。しかし、そういったことを考えていくと、徐々に構想が実現できなくなっていきます。そこで、私は船にしなければいいと考え始めました。

人が乗る船と乗らない船ではレギュレーションが変わります。人が乗らない船、あくまでも人工地盤であるという考え方であれば、人が乗る船のレギュレーションが全て外れてきます。例えば、「海島」には様々な機能が格納される想定で考えられていますが、それらが尾道、岡山、福山などに三六五日必要かと言えば、そうでもありません。東京ビッグサイトは岡山に要らないけれど催事がある際に欲しいとか、高級なホテルもたまにあったらいいんじゃないかとか。岡山に世界レベルで美味しい高級レストランがあっても、海外や県外から人が常に来ればいいですが、岡山の人だけではそんなに稼働しないでしょう。

「どこにでも動かしていけるもの」という発想を実現していく際、人が乗る船というレギュレーションを外し、陸上とつながっている人工地盤という位置付けにしてみる。すると、上物もデザイナーがものすごく苦労された船のレギュレーションを無視したものをつくれるので、船を超える船をつくることができるのではないでしょうか。その代わり、人が乗っている間はどこか陸上につながっていなければいけません。でも、それによって救命胴衣すら乗せる必要もなくなります。

そう考えると、人が乗っていない状態では移動できるものなので、近い将来、常石造船は海上に土地をつくっていく会社になるかもしれません。今、為替の影響で大変好況に見える造船業界ですが、そうは言っても船の注文を取ることは大変で、長いスパンで見ればまだまだ厳しいです。造船所もフル稼働ではなく、通常の半分ぐらいしか稼働していません。その間にタグボートで引っ張っていける人工地盤、人は乗せられないけれど陸上につながった瞬間に人が乗れるような土地をつくっていく。つまり、常石造船が世界中の海上に土地をつくる会社になっていけば、話が随分変わってくるでしょう。

人工地盤であれば、上部に森や湖もつくれるかもしれない。動かしている時に人を乗せるという条件を外せば、ものすごく選択肢が広がると気付いたのが、倉敷篇での議論を受けてから半年間の成果です。

土地同士のつながりを発掘する

青井　堀部さんのスピーチを聞き、「ガンツウ」が生まれた背景にこんなストーリーがあったのかと非常に感銘を受けました。ご自身は「哲学者でもない」と話していましたが、堀部さんの活動は十分に哲学が込められた仕事だと思います。

スピーチの中で、「ガンツウ」によって建築という点が線や面になっていくという話がありました。私たちが扱う地図や地理感覚において、飛行機や電車といった移動手段が文化圏のつながりとも言えます。日本は海に囲まれた国ですから海路もその一つでしょう。

富山県には「ほくほくフィナンシャルグループ」という総資産額で言えば国内上位になる地方銀行があります。何がほくほくかと言うと、儲かるからほくほくではなく、富山第一の地方銀行の北陸銀行と、北海道にある北海道銀行で「ほくほく」なんです。北海道なんて北陸から遠いやんかと思われるかもしれませんが、実は富山と北海道は並々ならぬ縁で結ばれています。北前船です。当時、富山から北海道へ薬を輸出し、北海道から富山には昆布を輸入していました。そこから富山の名物である昆布締めが生まれたのです。私たちが想像だにしないつながりが昔からありました。

そのあたりを掘り起こしていくと、今でも離れた土地と土地のつながりを用いておもしろいことができるのではないかと思います。その際に船は魅力的なツールになるでしょう。現在の新幹線や飛行機は東京を中心としたハブ・

アンド・スポーク[*1]です。ローカルとローカルにはほとんど結ばれていません。北前船で昆布が北海道から富山に渡っていたように、離れていても実は方言が似ている地域があったり、食文化が似ていたりなど、そんなつながりを発掘して歴史を紡いでいけると思うのです。富山は自然豊かで都会のような華やかさのある場所ではありませんが、そんなところに瀬戸内海から「海島」や分譲型客船が入ってくると、また新しいつながりが生まれると思います。

高橋　そもそも北前船は瀬戸内海にも入っていましたので、瀬戸内と富山にはつながりがありますしね。瀬戸内に多島美があれば、富山には立山があります。富山湾から眺める三〇〇〇メートル級の立山も素晴らしいのですが、水深一〇〇〇メートル超の富山湾と一緒に、四〇〇〇メートルの高低差を楽しめる船の旅も魅力的でしょう。富山湾は「世界で最も美しい湾クラブ」[*2]にも加盟されていますので、世界中の人々が訪れるデスティネーションたる場所だと思います。

青井　海で観光と言えば先日、ヨーロッパの友人を訪ねた時、ヨットに乗せてもらいました。彼らは「シゲル、明日はクロアチアの街に行こうぜ」と

1——物流や情報技術分野で使用される用語。中心となる拠点（ハブ）に貨物を集中させ、そこから各拠点（スポーク）に分散させる輸送方式を指す。自転車のハブ（車輪の中心）とタイヤに向かうスポークに見立てたのが由来。

2——ユネスコが支援する国際的組織で、フランスのモンサンミッシェル湾、アメリカのサンフランシスコ湾、ベトナムのハロン湾など、世界的に著名な四二湾が登録されている。日本からは宮城県の松島湾と富山県の富山湾などが加盟を認められた。富山湾は、海越しに見える雄立山連峰の景観と、定置網漁による水産資源保護活動、シロエビなどの動植物が存在することが評価された。

軽快に言い、クロアチアの街に降りて何を見に行くのかと思うと、建築なんですよね。神原勝成さんたちが構想されている「せとうち建築トリエンナーレ」で見れるような現代建築ではなく中世につくられた古い建築になりますが、彼らは特別な富裕層でもないけれど、建築に興味がある。見学後、船に戻ってご飯を食べながら「あれがこうだったね、おもしろかったよね」と、建築を切り口に話に花が咲くのです。その旅行では買い物なんてせず、その土地の風土や歴史を感じて未来に思いを馳せるような、すごく素敵な経験ができました。

海の上をヨットで周遊している際、瀬戸内のことを思い出しました。クロアチアやイタリアも素晴らしかったけれど、瀬戸内も負けないだろうなと。瀬戸内のように緑豊かな島が沢山あるエリアはありません。そんな意味でも、この魅力を一つずつ紡いでいくと、国内の人は勿論、海外の有識者も瀬戸内に沢山訪れると思います。

インバウンドの現状

高橋　青木さんにも「海と建築」について話を聞きたいと思いますが、その前に、現在の日本を訪れるインバウンドを見ていて、コロナ禍前後で何か変化はありましたか？

青木　皆さんもご存じの通り、現在、インバウンドが戻ってきています。インバウンド観光の市場はコロナ禍前の二〇一九年は四・八兆円でしたが、二〇二三年二月の段階でトントン程度に戻るという見通しが、四月時点で五・九兆円になり、大幅に超えると言われています［図1］。人数と単価で言えば、二〇一九年対比で人数は八割回復、単価は二五％アップしています。

彼らがどこから来ているかと言うと、東アジアからのインバウンドが多いです。韓国、中国、台湾、香港で、旅行者の七〇％ぐらいを占めています。その観点で言うと、二〇一九年対比では韓国は一〇〇％を超えていて、香港も九九・八％、台湾も九二％で、かなり戻ってきている［図2］。中国はゼロコロナ政策の一環として中国人の海外渡航を制限していたため低迷していましたが、今年八月に団体旅行を解禁したため、おそらく急激に戻るでしょう。

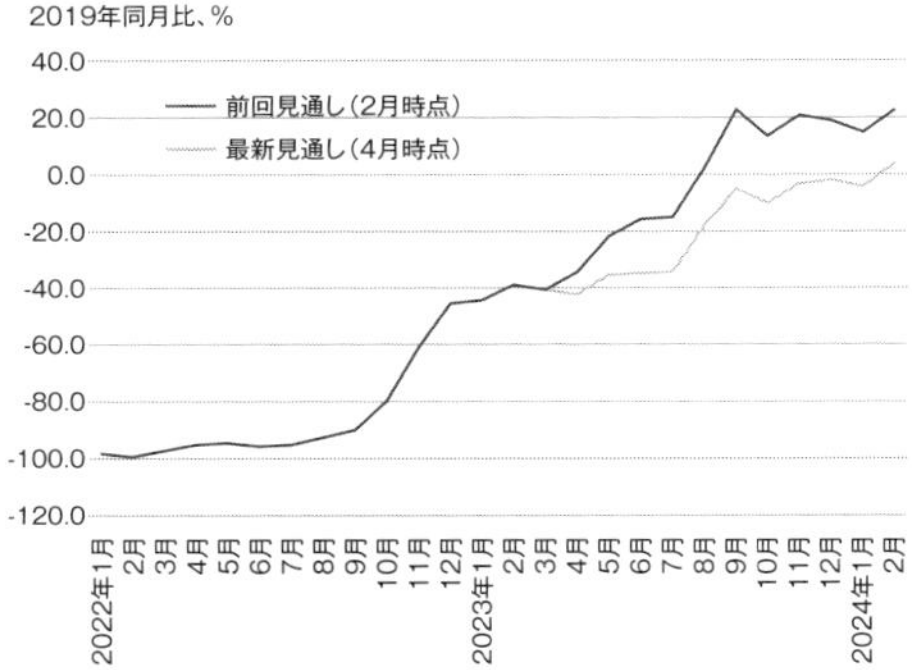

【図1：2023年のインバウンドの見通し】

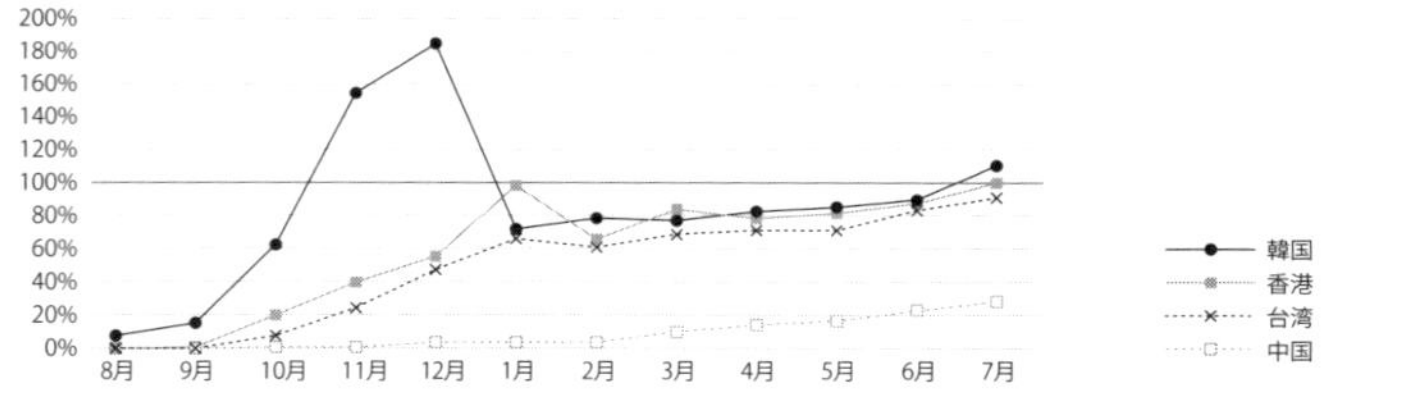

【図2：2022年8月~2023年7月訪日外客推移（2019年同月比）| 東アジア】

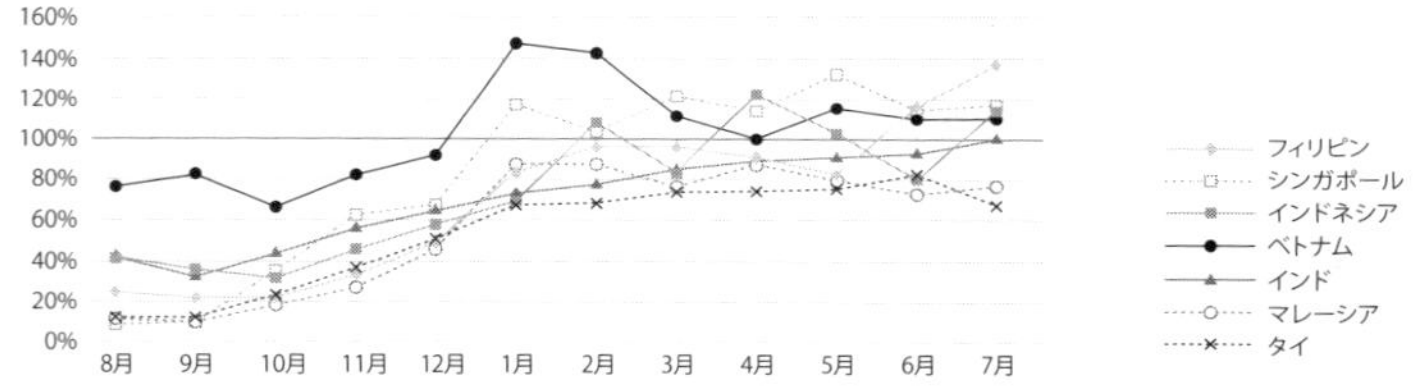

【図3：2022年8月~2023年7月訪日外客推移（2019年同月比）| 東南アジア】

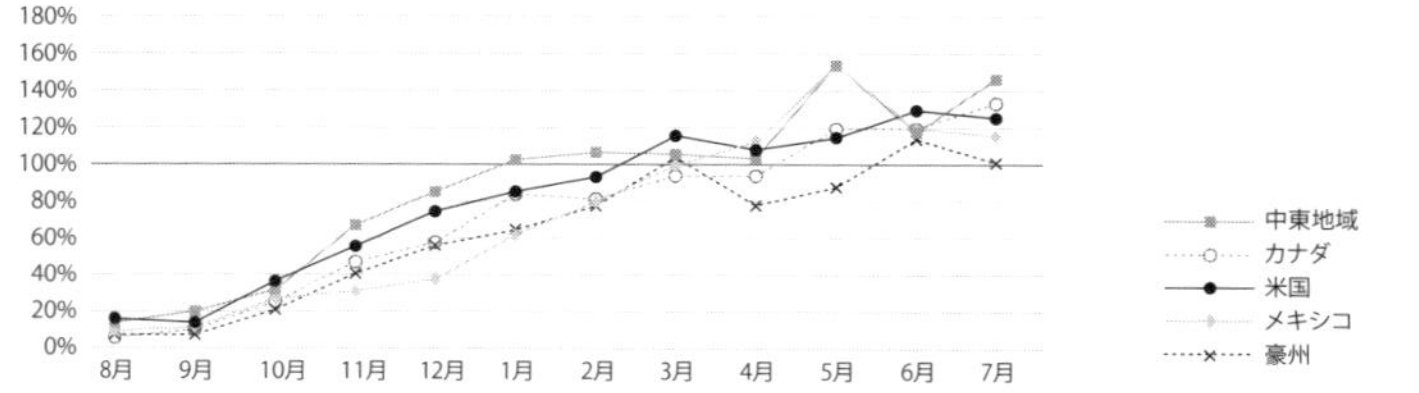

【図4：2022年8月~2023年7月訪日外客推移（2019年同月比）| 北米・豪州・中東】

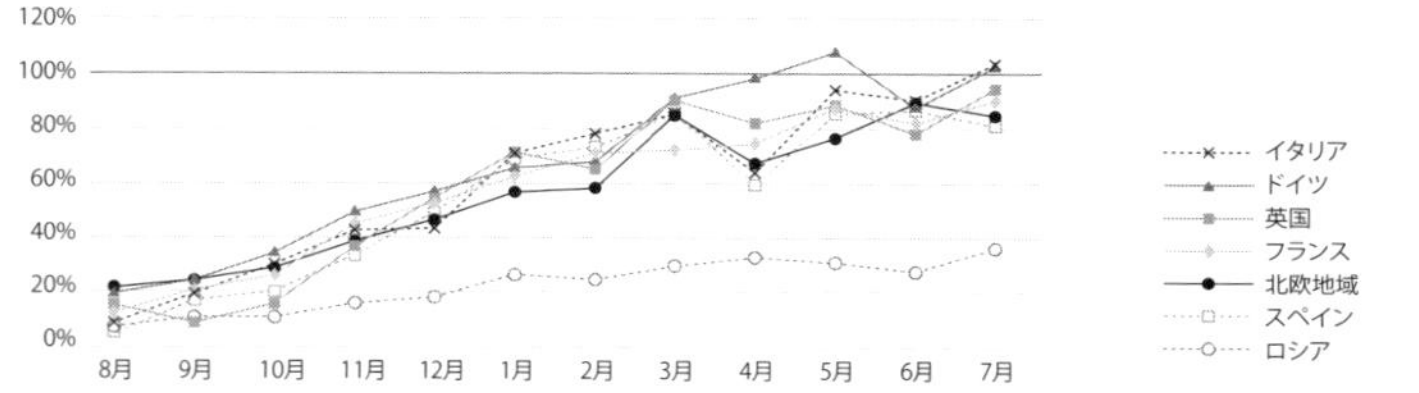

【図5：2022年8月~2023年7月訪日外客推移（2019年同月比）| 欧州・北欧】

東南アジアで言うと、フィリピンは一四〇%、シンガポールやベトナム、インドネシアも一二〇%、どれも二〇一九年をはるかに上回っている［図3］。アメリカやヨーロッパも同様です［図4・5］。欧米系のインバウンドの方々も増えているという肌感覚があると思うのですが、二〇一九年対比で一〇〇%に近い、あるいは超えている国が増えてきました。実際に僕らのMATCHAも良い影響を受けていて、トラフィック［＊3］は倍以上になっています。

消費額の単価の観点でも、二〇一九年の一五・八万円から、二〇二三年の一～三月期は二一・一万円、四～六月期は二〇・五万円と二五%アップしています。その要因は大きく分けて四つあります。一つ目は円安の影響です。日本が純粋に今、通常の二～三割ほど安く旅行できる状況になっている。二つ目はリベンジ消費です。コロナ禍で海外旅行で消費できなかった約三年間を、今取り戻そうとしている。

三つ目が観光の高単価化です。一泊三万～五万円を超える高級宿がかなり増えました。東京ミッドタウン八重洲の上層階で開業した「ブルガリホテル東京」の宿泊費は一泊三〇万円からで、約四〇〇平方メートルのスイートルームは四〇〇万円以上だそうです（二〇二三年八月当時）。歌舞伎町タワーにあるホテル「BELLUSTAR TOKYO」にも一泊三〇〇万円以上の部

3——ウェブサイトに訪問した回数やセッションの数など、アクセス全体の数。

屋ができています（同上）。この傾向を見ていると、日本にこれまで単価の高い宿が少なかったため消費額が低かったことがわかります。つまり、インバウンドの人たちは実は単価を高くしても払えたというわけです。

四つ目は正確なデータではなく僕自身の肌感覚でもあるのですが、コロナ禍を経て世界中でリモートワークができるようになったおかげで、インバウンドの滞在日数が延びていることが挙げられると思います。原研哉さんのイントロダクションでも、「旅行中に滞在している宿にデスクがあると嬉しい」という話があり、共感しました。僕も台湾に一週間ぐらい滞在した時も仕事していたし、先週もタイに四日間ほどいましたが、そこでも仕事していました。つまり、仕事しながら旅行するスタイルができつつある。それによって滞在日数が増え、自ずと消費額の増加にもつながるのだと思います。

全ての産業がツーリズムになる

青木　堀部さんのスピーチを聞いていて、スタジオジブリの宮﨑駿さんの発言を思い出しました。宮﨑さんはラジオで、「アニメーションは自分自身の身体感覚の表現である」といったことを話していました。例えば、木を登っていた時に足を滑らせて落ちそうになった記憶など、自分の体験が反映されていると。作家とは自分の体験の幅と自分がつくるものに一貫性やつながりがあるのだろうと、堀部さんの話を聞いていて改めて思いました。僕自身、MATCHAというインバウンド向けのウェブメディアをつくっているのですが、やはり旅行している時にアイデアが浮かんだり、気付きを得ることがあり、そういったものが事業に反映されていきます。

先日、長崎県の対馬へ行き、マグロの養殖場を視察しました。そこで、一キログラムのマグロを育てるために、餌となるサバが何キログラム必要かと問われたのです。全く見当もつかなかったのですが、答えは一五キログラムでした。つまり、五〇キログラムのマグロを育てるためには七五〇キログラムのサバが必要になります。餌となるサバは小さいのですが、本来であれば成長するものです。今、日本中で水産難と言われている中、とんでもない矛盾を感じました。

でも、その矛盾を感じながらもマグロにサバを投げました［図6］。三〇匹ぐらい投げて、これは体験だなと思ったのです。漁をしたり、魚に餌を与えたり、水中で魚を見るなど、海というフィールドでの観光体験はブルーツーリズムと呼ばれていますが、海に限らず全ての産業がツーリズムになり得

【図6：マグロの養殖体験】

る可能性があると思います。本来であれば漁師さんがやる労働も、観光客にとってはワクワクする体験になるからです。

高橋　お金を払ってでもその労働を体験したいということですよね。

青木　そうなんです。お金を払ってでもサバを投げたいんですよね。日本人が当たり前に積み上げてきた文化や産業をデフォルメせずにそのまま、地域外の人々に届けていくだけで新たな価値が生まれる。実はツーリズム化とは、地域の人々の生活の維持および向上において効率が高いと思います。

高橋　なるほど。セッション2でも紹介された、「ＬＯＧ」の壁の色を塗ったり、和紙を貼るワークショップも、旅行客にとっては観光での体験になりますからね。

青木　その通りです。実際、クラウドファンディングして、皆で一緒に建築をつくっていく企画はありますよね。お手伝いしながらその場所でコミュニティが生まれ、且つそれが旅行客の体験となり、旅の喜びになっていくのでしょう。

花火ではなく漢方薬を

高橋　セッション1で、建築をテーマにツーリズムをつくるという話がありました。建築はその場所、その空間に行かないと体験できないものだから、ツーリズムとの相性がいいと思います。堀部さんは建築家の立場として、今、手掛けられているさぬき市の「時の納屋」（二〇二四年）など、いわゆる人を呼び込む施設をつくる際、どのようなことを考えてデザインされているのでしょうか。

堀部　観光といった人をその場所に呼び込むことと建築は深く関係していると思います。かつてフィンランドには、アルヴァ・アアルトという建築界の巨匠がいました。あの人が建築をつくったかつくっていないかで、フィンランドという国の価値が全く違っていたと思います。なぜなら、アアルトの建築が観光資源になっているし、建築関係者でなくともフィンランドに旅行に行きたいという動機になっているからです。

「時の納屋」[図7]では、さぬき市の市長が印象的でした。僕が「とにかく建築は脇役で、自然を元に戻し、ランドスケープを主役にしましょう」と提案すると、市長はすごく共感してくれました。地方の小さな市町村のリーダーが、そういっ

【図7：「時の納屋」外観】

た考え方に徐々にシフトしている兆しを感じたのです。それまでは箱モノとして建築をドンとつくって、庭や外構といったランドスケープは刺身のつまみたいな扱いでした。今ではその主従関係が逆転しています。

僕は建築には二つの役割があると思っています。一つは花火みたいな役割で、華やかで人の目を引き、呼び込むためのもの。一方で漢方薬的な役割もあると思っていて、僕はむしろ漢方薬的な建築の方が好みです。人を呼び込むという意味では突発的な増加にはならないけれど、長い時間をかけてじわじわと観光客を増やしていく。経年すればするほど効能が表れるような建築の在り方を僕は考えていきたいと思っています。

「時の納屋」でも、その土地に元々あった木を苗から植えることにして、その苗を今つくっています[図8]。在来種がどこの畑に行ってもないため、

【図8：「時の納屋」内観】

農業高校なども巻き込んで、その在来種をつくるところから始めています。本当に地道なことの積み重ねなんですけれど、自然を元に戻していくことが、これからの建築を考える上で、花火とは違う役割として非常に大事になってくるでしょう。行政の人たちも建築をつくる際、もっと地域の漢方薬となることに重きを置いてほしいと思います。

高橋　地元の高校生たちを巻き込むことによって、地元の人たちにとっても建築が自分事になっていくでしょうね。

建築の見える化

松田敏　岡山、倉敷、福山、尾道も良い建築は多いと思います。現代の第一線で活躍されている有名建築家は勿論、昔に一世風靡した建築家が設計した建物が残っている。私たちで言えば、浦辺設計が設計した両備バスの西大寺営業所［図9］もその一つでしょう。一九六六年に建てられた二階建ての木造建築で、今では中々見ないデザインです。しかし、貴重だからと言って古いものをそのまま残しても駄目で、「ＬＯＧ」のように改修し、新たな活用を見

【図9：両備バス 西大寺営業所】

出していく必要があります。地方に昔からある優れた建物を今の時代に適用させることができれば、建築は世界にも認められる観光資源に生まれ変わるでしょう。

堀部さんから「時間を戻す」といった話がありましたが、そういったことを経営者もやっていかなければいけません。しかし、現状はセンスの有無も含めて、経営者でそういった活動を実践しているのは、まだ神原勝成さんや石川康晴さんのような人たちしかいません。

高橋　「岡山市民会館」（設計：佐藤武夫、一九六三年）の解体は残念でしたけれど、前川國男さんが設計した「岡山県庁舎」（一九五七年）［図10］は耐震補強され、今も使われています。たとえ役目を終えたとしても、優れた建築には新しい活用を見出し、長く残ってほしいですよね。

青木　インバウンドにとって日本の建築は既に観光コンテンツです。僕自身、直島には一〇回以上訪れていますが、その度に安藤忠雄さんが設計された建築を見に行っています。建築そのものというより、その世界観に触れるためという感じでしょうか。

【図10：「岡山県庁舎」】

あまり観光の統計情報では「建築を見るため」より、食などのわかりやすい要因が日本を訪れる理由として目立っていますが、根本には日本ならではの建築や風景を訪れたいという想いがあるのでしょう。その上でどんな課題があるのかを考えると、情報の多言語化とマッチング、継続的アプローチの三つだと思います。

まずは情報の多言語化についてですが、メジャーな地域や施設は自分たちの情報を多言語化して発信していますが、英語にすら翻訳していないところもまだまだあります。次に情報のマッチングです。インバウンドのニーズに合った情報をきちんとプッシュできていないように思います。三つ目は、旅行者に継続的にアプローチする方法が今のところなく、地域と旅行者の関係が一時的になっていることが大きな課題だと思います。

建築の分野で言えば、建築に特化したガイドやコンシェルジュがいてもいいと思います。例えば、旅行客の嗜好に合わせたルートを、日本全国を対象に構築してくれるような人たちです。すると、受け入れる側の日本にとっても、建築が観光資源として機能するし、地域の人たちもその価値をもっと認知すると思います。

高橋　それは僕も同感です。多言語化以前に、日本語でも建築はまだまだ見える化されていないと思うのです。「岡山県庁舎」が前川國男という建築家の設計だと知っている人は少ない。岡山出身の僕も、東京に出てから知りました。堀部さんも話していた通り、アアルトの建築を見るためにフィンランドにわざわざ行く人が沢山いるように、日本でも建築は観光の目的地になるはずです。まずはその取っ掛かりとして、日本国内で地元の人たちに向けて建築を見える化していくべきなのでしょうね。

青井　有名な建築家の作品は勿論ですが、堀部さんのスピーチで紹介されたベーハ小屋のような建築も良いですよね。昔ながらの固有の建築や産業の遺構も観光資源になると思います。白川郷などは世界遺産になっていますけれど、それに匹敵する景観の街並みは他にもあります。前回の舞台である倉敷美観地区がまさにそうでしょう。オリジナルの景観が残っている村や街はまだまだ沢山ある。

私がイタリアで訪れた街も名もなき集落でした。でも、街としてすごく価値があり、それが一〇〇~二〇〇年単位で残っていくことは素晴らしいことだと思います。建築家による建築ではないものの方が価値があるなんてことを言いたいわけではなく、そういった名もなきものの価値も意識していないと、気づいたら全て新しいものに置き換わってしまうでしょう。人口減少が進む日本において、そんな新しい建物をつくることばかりに負荷をかけても仕方ありません。だからこそ、観光資源になり得る残すべき価値を認知するためにも、私たち自身がその地域の歴史を学ぶことが大切なのだと思います。

高橋　富山県なら合掌造り、四国なら砂糖しめ小屋など、その土地の文化や産業に根ざした建築があります。そういった建築をその土地の風土と共に楽しみたい人も沢山いるでしょうね。勿論、堀部さんをはじめ、藤本壮介さんや長坂常さんなど、今や世界中から日本の建築家は注目されていますから、そういった方々がつくる現代建築を目当てに日本を訪れる人たちもいるでしょう。

【図11：「讃岐緑想」】

堀部さんがつくった香川県三豊市の「讃岐緑想」(二〇二〇年)〔図11〕もベーハ小屋の建ち方を現代に甦らせたと解説すれば、建築そのものだけでなく、その土地にまで興味は広がるはずです。建築が好きな人、デザインが好きな人、そして富裕層の人たちはそんな風土を求めて日本の地方にやってくる。だからこそ彼らに対してきちんと情報発信していく必要がある。堀部さんの言葉を借りれば、受け入れていく私たち日本人も、自分たちの足元を見つめ、身近に既に存在している価値に気付き、評価を与えていかなければいけないのだと思います。

海島

ゲストスピーチ

瀬戸内から見つける日本の形　小林史明

セッション

「海島」を介して世界を考える　小林史明＋藤本壮介＋角南 篤＋福武英明＋原 研哉

瀬戸内から見つける日本の形

小林史明
衆議院議員

四万ある規制を改革する

何か新しいことをやろうとすると、地域の人たちは恐れを感じます。その恐れをどうやって取り除いていくかを考えていかないと、最初はいいけれど、後からやはり納得が得られていなかったことで、物事が進まなくなることがよくあります。納得できていない人たちにどうやって寄り添うか。いや、寄り添うと事業が進まないので、肩を抱き寄せて共に連れていくか。これが社会実装の上でとても重要なことだと思います。

私は元々、ＮＴＴドコモに勤めていました。当時、お客様の想いに応えて課題を解決することも楽しかったのですが、古い規制に阻まれて実現できないことも沢山ありました。そんな経験から、ルールを変えることでもっと多くの人たちが活躍できたり幸せになれると思い始め、この世界に入りました。そのため、徹底的に規制改革をやることが私の政治家としてのミッションです。

規制とは皆さんが暮らす社会を邪魔するためのものではなく、こういった社会がいいよねと、皆の希望を形にした法律です。しかし、社会が変わったりテクノロジーが進展するにつれて、当時設けた法律のアップデートが間に合わなくなることで、皆が規制を邪魔だと感じてしまう。この変化に伴うギャップを認識し、いかに早く規制を変えていくかが重要になります。

具体的にどんなことをやってきたかというと、例えば、当時の内閣官房長官だった菅義偉さんと一緒に、七〇年間変わってこなかった漁業法改正を行いました。また、二〇一七年には通信業界で規制改革を行いました。防衛省が使っていない電波帯域を区画整理し、電波を利用したいと考える携帯電話事業者へ開放しました。また、三年ほど前から衛星放送に吉本興業や松竹芸能、ジャパネットが新規参入しているのですが、これも衛星放送事業者と話し合って配信の枠を確保しました。このように、新しく活動を起こす人たちのために既存事業者と交渉して動かしていくことも、政治家の仕事だと思っています。

今、日本政府は、規制改革としてこの国の法律を全て洗い直しています。二年間で一万近い規制改革を行う予定です。何をやるのかと言えば、アナログなルールを検索し、その言葉全てを消していきます。例えば「目視」という規制は、この国の四万あるルールの中に二〇〇〇個も見つかりました。「目視」という規制がある限り、せっかく検査性能の高いドローンが開発されても点検に使えません。このように刻々と社会が変わってきている中、今の時代に適さない規制をこの二年間で全て消していきます。最先端のテクノロジーが利用しやすくなれば、私たちの暮らしや仕事はより快適なものとなるでしょう。

テクノロジーが進展したことによって見直しができる規制も沢山あります。その一つが土地利用の規制です。市街化調整区域ということで島や山、浜辺には店舗なら可能ですが、住宅は建てられません。水や電気など生活するために必須なインフラを整備しなくてはいけなくなり、その整備にはお金がかかるのでやめてくださいということで、市街化調整区域という規制がある。でもオフグリッドの技術で自給自足できるなら、無人島や山奥に住宅を建てても何の問題もないはずです。インフラフリーの建物であれば、どこにだって建てていいという規制緩和は将来的にあり得ると考えていて、この瀬戸内にそのチャンスがあるのではないかと考えています。

福山はいいところ

私の故郷であり活動拠点となる広島県福山市についても紹介させてください。福山は瀬戸内海に面しているけれど、山もある街です。夏場は海に夜光虫が泳いでいて、そこから北に三〇分も上がるとホタルの山がある。

沼隈町のブドウは大変おいしく、今やブランドになっています。クワイも有名で、日本中の九割を福山が生産しています。同じ面積で比較すると、クワイは米の二〇倍も儲かると言われているのですが、その事実を誰も語らないため、現在はつくり手が減っています。今、街がクワイの生産者として移住者を募っています。

海苔も日本で三番目の生産地です。一番海苔は銀座のお寿司屋に出たり、皇室に献上されています。あと、ガザミという渡り蟹や、ネブトという小さな鯛もあります。ネブトの唐揚げはものすごく美味しいです［図1］。セッ

【図1：ネブトの唐揚げ】

ション2で梅原真さんから瀬戸前寿司というアイデアが出ましたが、私の中での瀬戸前の魚はネブトですね。お寿司のネタにはならないと思いますが、酒の肴としては最高です。

昨年、築城四〇〇年を迎えた福山城もあります。福山は古代吉備国と言われる地域が七世紀後半に備前国、備中国、備後国と三つに分かれ、江戸時代に備後福山藩となりました。譜代大名の西の端となり、更に西に行くと毛利家という徳川家の天敵がいるため、信頼できる武将として相当な暴れん坊だったと言われる水野勝成という徳川家康のいとこを藩主としました。

福山は元々、現在の市の中心部があるエリアはほとんど海でした。埋め立てた土地なので塩害がひどくて米をつくれなかったため、水野勝成は沿岸部一帯で綿花の栽培を奨励し、その流れで備後絣《びんごがすり》と呼ばれる藍染めの織物が生産されていきます。一方で、隣の備中では藍の栽培から藍染厚地織物の生産が始まりました。昭和に入ってジーンズの人気が高まるにつれて、元々持っていた染色や織物の技術を生かしてデニムの生産にシフトしていきます。備中備後と呼ばれる地域は現在、デニム生地の生産日本一です。他にも、作業着で有名な自重堂やスーツでお馴染みの洋服の青山の本社もあります。綿花の生産からアパレル産業ができ、今では三菱電機がやってきて電気関係、シャープがやってきて半導体など、製造業が豊かな街になりました。他にも物流業では福山通運、造船業では常石造船があります。

GX[*1]も非常に進んでいます。例えば、スーパーの食品売り場に並ぶ生鮮食料品や惣菜、弁当などに使われている食品トレーメーカーのエフピコです。エフピコはそのトレーを回収して一〇〇%リサイクルしています。福山の発展を牽引してきたJFEスチールも、今後、大規模なグリーン投資をすると発表しました。福山がGXの先進地域となりつつあります。

1――Green Transformationの略称。化石燃料中心の経済・社会、産業構造を、クリーンエネルギー中心に転換させる、経済社会システム全体の改革への取り組み。

瀬戸内フォーラム

今紹介した通り、福山には様々な産業があります。教育環境も悪くないし医療も整っている、約四六万人の都市です。しかし、人口がどんどん減っていってます。政治家になって一〇年ぶりに帰ってきて、なぜこれだけ街から人がいなくなるのかを考えたところ、地方都市に足りないものはエンタメだと思いました。住んでいて楽しくない。これは原研哉さんが言っている「愉楽がない」ということに近いかもしれません。

でも、東京と同じようなコンサートホールやライブ会場をつくることはできません。そうであれば、アウトドアでしょう。私も学生時代、先輩たちと神奈川の海でよく遊びました。学生から社会人まで様々な楽しみ方をしている人々が多く、海は賑わっていました。しかし、瀬戸内では海で遊ぶ人が意外と少ないんですよね。ヨットに乗っている人も少ないです。色々と見て一〇年過ごした結果、この豊かな海を使ってアウトドアを中心にした街づくりができないかと考えました。

航路を見ていくと、基本的に本島と島を縦に結ぶ線しかなく、島と島を横に結ぶ線が皆無です。これが瀬戸内の課題の一つと捉え、何とか島々を結ぶ航路をつくれないかと考えています。瀬戸内海に内航船を回してる企業は数社です。この数社と政治行政が話をすることでダイヤを調整すれば、観光にも日常生活にも便利な時間帯にすることもできるでしょうし、もっと多言語で情報発信もできるはずです。

このように瀬戸内が直面している地域としての課題を解決していくためには、瀬戸内の国会議員を仲間にして皆で取り組んでいく必要があると考えています。そこで今日は、香川県の参議院議員の三宅伸吾さんにも来ていただきました。また、香川県の衆議院議員の大野敬太郎さんは残念ながら不参加となってしまいましたが、三人で話し合い、私たちの想いを元々日本経済新聞社の編集委員だった三宅さんに趣意書として書いていただきました。こちらを元に、更に多くの国会議員と知事を仲間に募ろうと考えています。

瀬戸内から次世代の豊かさを実現するフォーラム、略称、瀬戸内フォーラム。わが国は新しい資本主義を掲げ、脱少子化、経済再生、安全保障の強化、デジタル田園都市国家構想の実現を通じた東京一極集中の是正、地方創生、カーボンニュートラル社会の実現、プラスチック削減等を通じた生物多様性の維持、回復、インバウンド観光の進行、農業の六次化、資源管理を通じた漁業者の所得向上などを目指す。これらの社会課題に取り組む者の目線の先にあるのは何か。それは、自然と共生した安心に包まれる豊かな暮らしである。そうした地域社会を実現するため、瀬戸内から次世代の豊かさを実現するフォーラムを創設する。

瀬戸内は約七〇〇の島々が点在する日本最大の内海であり、最初の国立公園となった。その多島美と、自然と一体化した人々の暮らしには内外の人々を魅了する豊かな自然があり、観光資源は尽きない。また、多様な産業を抱える。温暖な気候と自然災害が比較的少ない地の利などを生かし、農業の他、沿岸養殖漁業や製鉄、繊維、製紙、造船などが人々の生活を支えている。生態系の回復といった海における社会実験に適した閉じた内海、日本を代表する貿易港や大学のアカデミズムも存在する。こうした潜在能力を生かし、内外の人々をさらに引き付ける瀬戸内エコノミーを構築すべきである。そのためには、デジタル技術の活用、社会起業家の育成、内外からの投資を呼び込む規制改革等の推進に加え、関係者がテーマごとに連携し、相乗効果を生み出すことは欠かせない。

以上のことから、関係省庁、自治体、大学、民間団体、有志者、議員らが集まる瀬戸内から次世代の豊かさを実現するフォーラムを創設。分野ごとの活発な議論と関係者のネットワーク効果を高め、自然と共生しながら豊かに暮らせる瀬戸内エコノミーを構築する。

瀬戸内フォーラムを何のためにつくるのか、このフォーラムが何の役割を担うかということですが、例えば、瀬戸内で新しく生まれた構想を実装する装置になりたいと考えています。構想を実現する際、様々な地域との調整、規制の見直し、地域の事業者の理解を得るための交渉などが必要になりますが、その場面を瀬戸内フォーラムが担います。フィードバックを共有しながら併走できれば、地域で生まれた新しい構想も加速的に実現することができるはずです。神原勝成さんが立ち上げた水上飛行機「せとうちSEAPLANES」でさえ、実は規制緩和にたった二年しかかかっていません。そのため、どんなプロジェクトも数年でなくなることがなければ、しっかり実装できると考えています。

どこまでを瀬戸内海とするかは議論の余地があると思いますが、既に徳島県知事には了解を頂いていますし、大分県知事もやりたいと言ってくれました。山口県知事や広島県知事、岡山県知事も問題ないでしょう。香川県も三宅さんと大野さんがいるので大丈夫なはず。若干位が高い愛媛県にもきちんと了承を取り、瀬戸内全体で結束していきたいと考えています。

瀬戸内は世界のミニチュア

「海島」は海の上に島を浮かべるという話ですが、海の中も大事なテーマだと思っています。瀬戸内海は今は綺麗ですが、なぜ綺麗になったかと言えば、一九七八年に瀬戸内海環境保全特別措置法をつくったからです。それまでは赤潮が多発していました。年間数回あるのが当たり前でしたが、今、全く発生しなくなっています。つまり、きちんと規制すれば海の環境をガラッと変えられる地域ということ。世界の海を変えることは中々難しいことですが、瀬戸内の海を変えることは結構簡単にできたのです。

しかし海が綺麗になった結果、何が起こったのか。魚がいなくなってしまいました。水が澄み切ってしまうと魚が住めなくなってしまうことが実証されてしまったのです。これをもう一度戻すことは重要且つ世界的なテーマでもあり、インターローカルメディアたる瀬戸内海のミッションでしょう。

今、世界中で磯焼けという言葉が広がっています。簡単に言えば、海の中の生物多様性がなくなり、海藻が少なくなっている。その原因の一つがウニによる食害です。海が綺麗になってウニを食べる魚がいなくなったものだから、ウニが海藻を食べまくり、その結果、ウニだけが残りました。しかし、海藻が少なくなった海で獲れたウニはすっからかんです。岩手県はそんなウニを移動させて、規格外のキャベツを食べさせ、中身を再生して資源にするというおもしろい取り組みをしています。そんな活動が世界中から注目を浴びるぐらい、磯焼けは世界的な問題になっているわけです。

先述の通り、瀬戸内海は閉鎖的な海だからこそ変化をつくることができます。瀬戸内は七県です。先日のG7広島サミットも七つの国が参加しました。同じ七です。つまり、まずは瀬戸内海の問題を解決しなければ、世界の問題を解決できないと私は思います。今、世界の調整は、基本的に多国間で調整するものです。複数のリーダー、利害調整者と調整することは非常に重要で且つ難しい。そのミニチュア版が瀬戸内とも考えられるでしょう。

あと、地場産業をどうにかしなければいけないとも思っています。瀬戸内はローカルの産業の風景が素晴らしいと皆さんに言っていただいているのですが、あと一〇年も経てばそれがどんどん消えていくかもしれません。どうやって地場産業を再生、あるいは進化させていけるかも、「海島」と同様に、瀬戸内デザイン会議で議論いただきたいです。

先ほど、福山は繊維産業が非常に優秀だと紹介しました。福山のデニムは国内外の有名ブランドの生地や縫製を請け負うなど、高い技術で大きくシェアを伸ばしてきましたが、デザインやマーケティング、情報の発信など、ブランディングが少し苦手だったため、実際は五次下請けぐらいで、デニムを一本縫っても一〇〇〇円程度しか工賃がもらえないという状況でした。その結果、後継ぎが全くいなくなってしまったのです。

一〇年前、福山のデニム業者たちは「外国人労働者を雇いたい」と言っていたのですが、それは本質的な問題解決にならないと思いました。そこで様々な先輩たちに尽力いただき、福山のデニム関連産業と国内外のデザイナーを、備後発祥のセレクトショップであるPARIGOがマッチングし、「JAPAN DENIM」という統一したブランドとして世界に売り出すことにしたのです。今、「GINZA SIX のど真ん中に店舗を構え、一本一〇万～二〇万円で売っています。こういった価値付けを見ていると、やはりデザインには力があるのだなと実感します。その時に何が重要かと考えると、地元ではない人の目線、ダイバーシティです。

三つのD、デジタルとデザイン、ダイバーシティが重要だと思います。この三つが日本の地方都市に足りていません。デジタルは言わずもがなですが、特にデザインの力ですね。付加価値を生むことが圧倒的に足りていません。観光という名の下に、知的層やクリエイティブ層が地域を回り始めれば、間違いなくその地域にダイバーシティが生まれるでしょう。その人たちの知恵を地場産業に生かしていく、あるいは磯焼けなどの社会課題解決にも生かしていくという仕組みをつくっていければ、この瀬戸内から日本全体の問題、世界の問題を解決することができると考えています。

セッション3で青木優さんから「全ての産業が観光たり得るのではない

か」というキーワードを頂きました。私もその通りだと思っています。例えば福山には、船に乗っていただき、海苔網から獲った海苔を生海苔の佃煮にして食べて帰ったり、カキの養殖筏まで漁船で行って、剥きたての生ガキに瀬戸内のレモンを絞ってツルッと食べて帰ってくる体験ツアーもあります。

これらの体験ツアーは旅行客側にとって学びのコンテンツになるのですが、観光としてももう一面あると思っています。それは受け入れる地域側に光が当たるということ。光を当てられた方は誇りに感じるでしょう。漁船に乗っていってる間、最初は無口だった漁師さんの調子も徐々に上がっていき、「まあそんな大したこともねえけどな」なんて言って、缶コーヒーをお客さんに配り始める。終いには「次はいつ来るんだ」と言うわけです。観光には、そうやって地域に光を当てる力がある。

そんな産業観光という目線も忘れずにやっていきたいです。福山は造船の街なので、船具をつくっている工場があります。その工場では、鉄板を叩いてオリジナルのフライパンや鉄の皿をつくる体験ツアーも実施していますが[図2]。技術を転用するだけで、産業観光が生まれるのです。でも、地元の人々は自分たちの技術やノウハウの価値や魅力に気づいていない場合が多い。だから、外から来た人が「あんたんとこの仕事はおもろいな」と言って

【図2：船具工場での体験ツアー】

【図3：Park-PFIを実施した福山市中央公園】

もらう必要があり、それが地場産業を蘇らせるきっかけになると思っています。

世界に対して
アジェンダを発信できる場所

最後に二つ投げ掛けさせてください。一つは、建築とデザインの力で公共空間に何ができるかです。福山市の市立図書館がある福山市中央公園は、三年前まで人がほぼ集まらない場所でした。図書館にしか人が集まらず、公園の利用者はほとんどいなかったのです。しかし現在、多くの人が公園に集まるようになっています［図3］。何ができたかというとカフェです。実はこの公園では、Park-PFI［＊2］という公園の民営化を行っています。

今まで公園は税金で草刈りをして維持管理していましたが、Park-PFIでは、選定された事業者がつくった施設の収益で公園の面倒をみます。公共空間にある種のビジネスチャンスをつくっている。それによって地域の人々の流れもつくる。福山市中央公園は、中国・四国地方でのPark-PFIの初の試みであり大成功しています。

今、日本全国で約一三〇カ所ぐらいPark-PFIが実施されていますが、これからは公園だけではなく公民館も何とかしたいと考えています。公民館に行くと、相変わらず畳が敷いてあって、おじいちゃんとおばあちゃんしかいません。本来はその地域で暮らす住民のためのシェアスペースなんです。ネット予約ができてUX［＊3］も快適で、空間のデザインも良ければ、老若男女問わず多くの人々が集う場所になるはずです。しかし、現状は非常に古いデザインの公民館が多く、一部の人たちにしか利用されていません。

先ほど提案した瀬戸内フォーラムで都道府県知事や様々な自治体の首長と課題を共有し、有名な建築家は勿論、若手建築家のチャレンジの場として公共施設を設計する機会を増やしていければいいと考えています。

2――公募設置管理制度のこと。都市公園の魅力と利便性の向上を図って、公園の整備を行う民間の事業者を公募し選定する制度。都市公園に民間のノウハウを活用して飲食店や売店、保育所、社会福祉施設などを設置し、その地域の活性化に貢献する。事業者には、設置する施設から得られる収益を公園整備に還元することを条件に、施設の設置期間の延長や、建蔽率規制の緩和など、都市公園法の特例措置が適用される。

3――サービスや製品を利用することで得られるユーザー体験のこと。User experienceの略称。

もう一つは、「海島」をはじめ、瀬戸内デザイン会議が瀬戸内での取り組みの先に何を実現していくのか、何を目指していくのかといったことです。私の勝手な提案になりますが、私はそれがBeyond GDP、いわゆるウェルビーイングに接続できると考えています。

あえて寄せていく必要はないと思うのですが、なぜ私がこんなことを提案するのか、その理由を説明します。まず、世界中でSDGs[＊4]が広がりました。企業の投資の行動も変わりました。それはどうやって決まったかと言えば、国連及びその会議においてOur Common Future（私たちの共通の未来）を議論する中で、GDP成長の負の側面を補うためにSustainable Developmentという概念を開発し、そこからSDGsが広がっていったのです。

そして今まさに、次のOur Common Agenda（私たちの共通の課題）が議論されています。二〇二四年九月に開催予定の国連未来サミット(Summit of the Future)では、SDGsの次の国際課題について議論することが予定されています。そこで策定される一〇～二〇あるBeyond GDP指標の中心となるものがウェルビーイングです。人が心地よく過ごせているかをしっかり測っていくということです。

二〇世紀はGDPの成長とウェルビーイングは連動して伸びていました。

4――持続可能な開発目標(Sustainable Development Goals)の略称。二〇〇一年に策定されたミレニアム開発目標（MDGs）の後継として、二〇一五年の国連サミットで加盟国の全会一致で採択された。地球上の誰一人も取り残さない多様性と包摂性のある社会を実現するために、二〇三〇年を達成年限とし、一七の目標と具体的な一六九のターゲット、二三一の指標で構成されている。

しかし、二一世紀以降は全く連動しなくなった。経済成長はするけれど、ウェルビーイングはどんどん下がっている状況です。これは何とかしなければいけないと世界中が考えています。日本政府の方針としても二〇二三年六月に、成長戦略の中の指標にウェルビーイングを入れました。ウェルビーイング自体はこの三年で、新聞記事でも九五倍の数で取り上げられているようです。国民へ認知されるスピードもSDGsより早いという分析も出ています。

瀬戸内のツーリズムはある種のウェルビーイングの象徴であると、私は瀬戸内に暮らし、東京と福山を行き来しながら実感しています。まさに移動だけで愉楽を感じられる素晴らしい場所だと思っていますし、それが横につながっていけば、世界にアピールすることもできるでしょう。

だから、グローバルな目で見ても瀬戸内には大きな役割があると思っています。多くの人を呼び込むことができるし、世界に対してアジェンダを発信できる場所と言えるでしょう。神原さんたちが構想する「せとうち建築トリエンナーレ」も、県や観光庁、文化庁と連携することで、この地域の魅力発信にもつながるはずです。そういった取り組みの一つひとつが瀬戸内で暮らしている人々にとって気持ちいい社会をつくる助けになると考えています。

セッション

「海島」を介して世界を考える

小林史明＋藤本壮介＋角南 篤＋福武英明＋原 研哉

プロフィールはpp.332-348参照

指令：海島を具体化せよ

原　小林史明さんは福山市がある広島県第六区選出の衆議院議員です。僕はあまり政治への言及はしませんが、正直に言えば、実は政治家という人たちがあまり得意ではありません。でも、小林さんには瀬戸内デザイン会議にも興味を持っていただき、神原勝成さんや角南篤さんからも「小林さんには会うべきだ」と紹介していただいたのですが、ある意味で瀬戸内を越えて日本の産業の未来について真摯に且つリアルに考えている政治家だと感じました。瀬戸内デザイン会議は、冠に付いている瀬戸内という限定された狭いゾーンについて議論するわけではありません。インターローカル・デザイン・カンファレンスです。つまり、瀬戸内にローカルをつなげていく「媒体」としての可能性を見出しています。勿論、瀬戸内とは中国・四国地方を結んでいる地域ではあるのですが、北海道までつながる海の一つの連続体としての側面もあります。この会議ではそんなインターローカル・メディアとしての瀬戸内をベースに、日本全体、あるいは更に拡げたアジアにおける産業や文化の価値、観光の在り方にまで皆さんとヴィジョンを交錯していきたいと考えています。不思議なことにその引力のせいなのか、瀬戸内デザイン会議には必要な時に必要なピースが外からやってきてくれる。建築や政治など、様々な領域の方々が参加してくれています。

セッション4では議論を始める前に、前々回、前回と議論してきた「海島」を更に具体化、肉付けする提案を建築家の藤本壮介さんに発表いただきます。実は藤本さんには常々、「〈海島〉についてもう少し建築として肉付けできませんか」と無茶振りをしていました。デザインには、「だったりして」という構想を目に見える形にする役割があります。このセッション4では巨大な「だったりして」をどう形にするのかを具体的に詰めていきたいし、皆さんが瀬戸内で展開している各シナリオにも、「海島」をどう組み込めるかを考えていきたいです。

ちなみに松田敏之さんがセッション4に出ていただいていないのは、次回へ向けて準備いただくためです。松田さんは「海島」構想が生まれた第二回瀬戸内デザイン会議をきっかけに、分譲型客船という大変おもしろいプロジェクトを実践されています。それも一つの方向性として素晴らしいと思いました。ただ、今回のセッションではその方向性とは別に、オリジナルの「海島」構想についてより具体化していきたいと考えています。

藤本　第二回瀬戸内デザイン会議に呼んでいただいた時のスケッチが、「島の中の島」［図1］と「海の中の海」［図2］です。この時のお題は「新しい宿泊型船舶を構想する」でした。しかし建築家の性《さが》とでも言いますか、僕たちはすぐに前提条件を疑い始めてしまいます。「船の枠組みの中でデザインするとしても、船とはそもそもどんなものだろうか？」と。そこで、船とは海に浮いている何かがしかの環境であると考えました。「島の中の島」と「海の中の海」はまさに「船らしきもの」で、自然環境みたいなものが海に浮いているというアイデアです。今までの船の概念とは違うものをつくることで、瀬戸内海にもっと色々な活動が生まれるのではないかと考えました。

【図1：島の中の島】

【図2：海の中の海】

僕としてもおもしろい構想ができたと自分の中で盛り上がっていたのですが、更に盛り上がってくれた原研哉さんから「藤本さん、もうちょっと具体化した案を設計してください」と指令を頂きました。僕も「二〇二五年日本国際博覧会（大阪・関西万博）」などでそこそこ忙しい方なんですけれど（笑）。でも、原さんからのお願いは断れないなと。

ちなみに「大阪・関西万博」と同じチームで「海島」にも取り組んでいます。最近、メディアで「大阪・関西万博が間に合わない」みたいな記事が出てきますけれど、僕が原さんからお願いされて「海島」構想にかまけていたからではありません（笑）。きちんと「大阪・関西万博」も間に合うように一丸となって進めていますのでご安心ください。

可能性を形にする

藤本　幾つか模型でスタディも始めています。円形にこだわっているわけではありませんが、従来の四角形や細長いものといった船の形に戻りたくないという思いもあり、今のところ丸い形状でスタディしています［図3］。

セッション3で松田敏之さんから、船の航海には厳しい制約が数々あると聞きました。漁業権の問題なども想像以上に大変なんだろうと思います。とりあえず、現段階ではそういった細かい規制をあまり考えずに「海島」を具体化した案をつくってみました。

まず「島の中の島」は、浮いている円盤の上に島や入り江といった自然環境が一通り揃っています［図4］。「海の中の海」はかなりストイックに、浮いている円盤の上はほぼ水面で、海の只中にいるような環境をつくっています［図5］。必要な機能は円盤の下に格納しています。松田敏之さんから、バージをタグボートで引っ張る場合、引っ張っている間は人を乗せられないといった話がありました。今回は、島自体に動力が付いて自走できる前提で考えています。円盤状の浮体なので真っすぐ進むのかどうかはわかりませんが。

建築は、必要となる機能とその面積をある程度決めていかないと設計できません。そこで原さん

【図3：「海島」のスタディ模型】

【図4：島の中の島】

【図5：海の中の海】

に尋ねたところ、今回は暫定的に海洋研究所、コンベンションセンター、ギャラリー、レストラン、宿泊施設を機能として、円盤の規模を直径九〇メートル（面積：約五四〇〇平米）、八〇メートル（面積：約四七〇〇平米）、七〇メートル（面積：約三六〇〇平米）の三パターンでスタディしていくことにしました［図6］。「ガンツウ」が全長八〇メートルなので、直径七〇〜九〇メートルの円形の「海島」は、どれもかなりの大きさになると思います。

　海洋研究所については必要な面積がわからなかったので、差し当たり八〇〇平米としています。レストランはコンベンションセンターで催される国際会議やイベントの後に利用することを想定し、少し大きめの規模にしました。やはり「海島」は海の上で滞在することが魅力の一つになると思うので、宿泊施設は「ガンツウ」を参照に一二〜二五室設けています。

	A Φ90m	B Φ80m	C Φ70m
海洋研究所	800m^2	800m^2	800m^2
コンベンションセンター	1500m^2	1500m^2	1200m^2
ギャラリー	500m^2		
レストラン	500m^2	500m^2	400m^2
宿泊施設	1700m^2 (25室)	1400m^2 (20室)	1000m^2 (12室)
合計	5400m^2	4700m^2	3600m^2

【図6：「海島」プログラム別面積割合表】

先ほど小林さんからの話にもあった通り、あらゆるものがツーリズムと関係付けられると思います。だから、海洋研究所を単なる研究施設としてではなく、一般の人にも公開したり体験してもらう施設として考えたり、それと連動したイベントがコンベンションセンターで催され、アートワークがギャラリーに設置されてもいいでしょう。

この浮体に乗って二泊や三泊の滞在を想定すると、浮体の上に色々な場所があった方が楽しいだろうなと考えました。そこで「島の中の島」は、丘や入江のような場所や、研究所などの施設など、島の中を動き回れるようなつくりになっています［図7］。外海とも内側の入り江でつながっています。

もう一つの「海の中の海」は「島の中の島」と違い、できるだけ高さを抑え、地下を含めた三層の構成にしています［図8］。二階が水盤で、水面に顔を出す一階に宿泊施設、レストラン、海洋研究所を

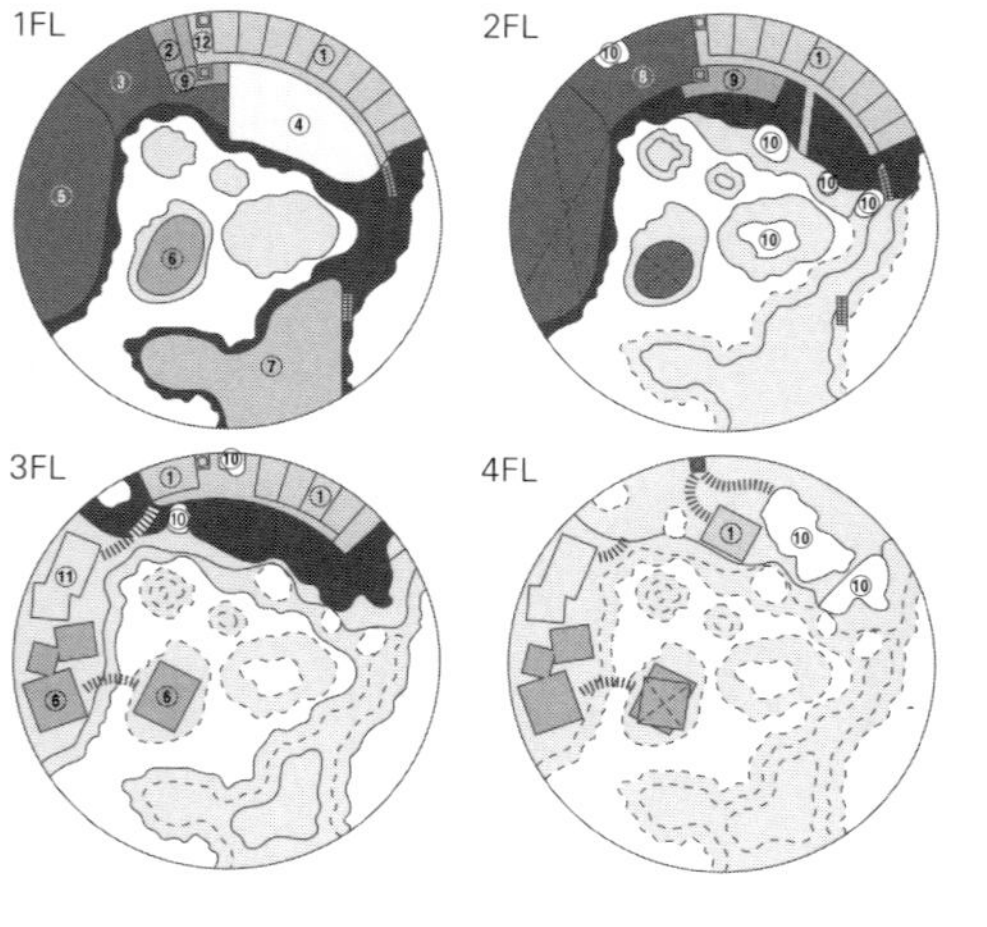

①客室
②操舵室
③ホワイエ、トイレ、クローク
④レストラン
⑤ホール
⑥ギャラリー
⑦海洋研究所
⑧控室、パントリー
⑨搬入室、BOH
⑩プール
⑪カフェ
⑫エントランス

宿泊客室数：25室
直径90m

【図7：直径90mだった場合の「島の中の島」のプラン】

外にきちんと視界が取れるように配置しました。

円盤上はほぼ水面で、幾つかの中庭と海にそのまま飛び込めるような穴があります。穴から海に潜っていくような海洋研究所のアトラクションになっていてもおもしろいでしょうね。円盤下の施設からは大きな階段が付いた中庭を経て、水盤の上に出てこられます。水盤の上は人が歩けるような浅い場所だけでなく、一部、泳げるようにプール状に掘り込んだ場所もつくれるといいでしょう。「海の中の海」の上に乗るとおそらく、瀬戸内の海原の中にただ一人佇んでいるという船とは異なる不思議な体験ができるはずです。

以上、暫定ではありますが、「海島」を少し具体化してみました。勿論、まだまだふわっとしている部分もあるため、これでいきましょうというわけではなく、今日の議論の材料や、実現やアップデートに向けた弾みになればいいと思っています。

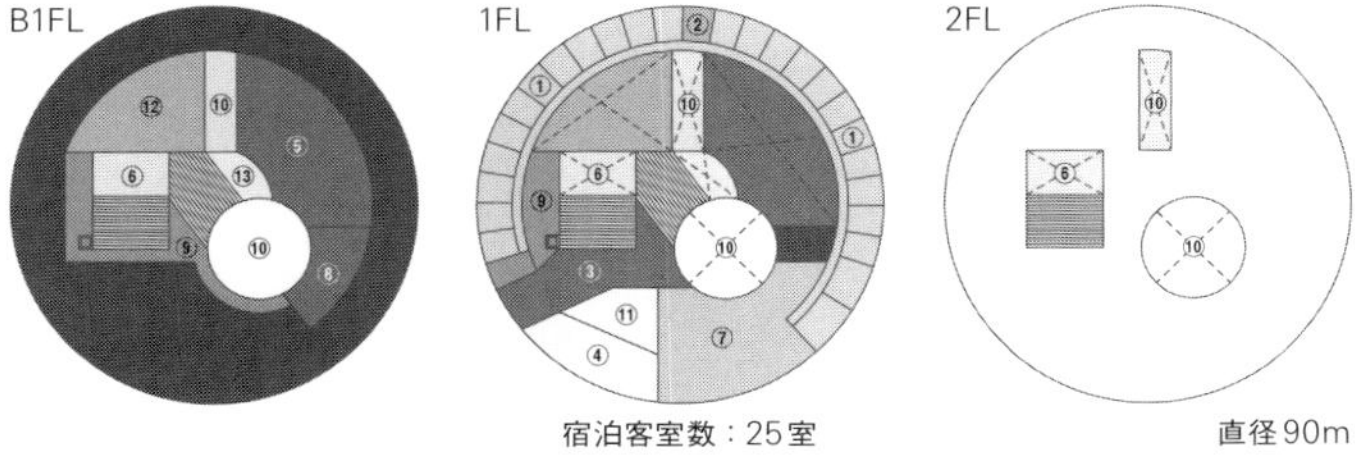

①客室
②操舵室
③ホワイエ、トイレ、クローク
④レストラン
⑤ホール
⑥中庭兼屋外展示場
⑦海洋研究所
⑧控室、パントリー
⑨搬入室、BOH
⑩中庭
⑪厨房
⑫ギャラリー
⑬エントランス、ロビー

【図8：直径90mだった場合の「海の中の海」のプラン】

原　ありがとうございました。色々な方々から昔からあるものを大事にしていくことの大切さを教わるのですが、一方で梅原真さんは「日本は空想や妄想が足りない」と言います。僕もそう思います。瀬戸内海という海に潜在してる可能性を見出し、その可能性が花開くような道筋を想像し、デザインを介して明瞭な形にしていくことは、「海島」という構想において重要なステップになるでしょう。そういった役割を担う人として建築家はこれ以上ない存在だと思います。

藤本さんのプレゼンテーションにあった通り、「海島」には宿泊施設をつくるので、その運営も視野に入れて神原勝成さん、秀明さんに意見を聞いてみたいです。一方で神義一さんが松田敏之さんと一緒に区分所有、区分分譲といったホテルをつくる新しい仕組みも考えていて、そういったアイデアを展開するのにも「海島」はふさわしいと思っています。

この瀬戸内デザイン会議も最終回は「海島」でやりたいですね。それから石川康晴さんが岡山に美術館をつくるという構想を持たれているのですが、サテライトを「海島」という海の上につくってもいいのではないでしょうか。岡雄大さんが考えられている日本のツーリズムに対する人材育成のための学校や、梅原真さんが実践しているローカリティーに根ざす知見をアップデートしていく分校など、新しい教育の拠点を「海島」に設けてもいいですよね。それから、御立尚資さんがつくっている熟成酒や、和久傳の料理も「海島」で展開できたら、この上ないサービスになるでしょう。

イントロダクションでも話した通り、3Dトラベルが重要になってきています。ドローンを大きくしたようなマルチコプター型のエアモビリティも六人乗りぐらいが最適らしいです。五〜六人になってくると、旅のまとまりとして団体を輸送できるようになります。そんな取り組みをどこで技術実装できるかというと瀬戸内海しかないと僕は思うのです。その意味では、移動技術に関しても、エネルギーや水の生成に関しても、オフグリッドの研究として一緒に行うことができる。あるいは、土地ができるということは、その空間の中でゼロエミッションを実現していくような実験も可能になるわけです。新しい不動産のヴィジョンも生まれてくるでしょう。

藤本さんに構想を具体化していただいたことでより様々なアイデアが生まれ、ここにいる皆さんとアイコンタクトができたように思えます。

うみしま海洋研究所

原　笹川平和財団の理事長である角南さんは、元々は国際政治学の専門ですが、科学や生物などの先端に関して大変多くの知見を持たれています。実際に笹川平和財団の中にも海洋研究所があり、そこで海洋研究を進められている立場でもある。そんな角南さんに藤本さんの提案について具体的なご意見を頂けると、実現にまた一歩近づくと思い、僕が無理強いして前回に引き続き第四回瀬戸内デザイン会議にも出席してもらいました。

角南　セッション3で青井茂さんがアドリア海のクルーズの話をされていましたが、実は私も先週、南イタリアに滞在していたのです。しかし、滞在中も、頭からこの瀬戸内デザイン会議が離れなくなってしまいました。どの風景を見ても、「地元の児島半島にある鷲羽山の麓でこんなことをやったらどうなるんだろうか」など、地中海の景色が瀬戸内に見えてしょうがない。私がブツブツ言う度に、同行してる人たちから「イタリアに来たのだから、イタリアを楽しんでください」と言われる始末でした（笑）。

滞在中、アマルフィ海岸の辺りからいわゆる高級な観光地を車で回ってみると、崖の上から下まで狭い道ばかりでした。駐車場がないため路上駐車も多く、ものすごい交通渋滞が起きています。それでも世界中から多くの人がそこに訪れ、一泊一〇〇万円ぐらいのホテルに泊まって過ごしている。でも、誰も「道を広げろ」「観光バスを通すためにインフラを整備してくれ」という声を上げません。なんでだろうと不思議だったのですが、これだけの観光客が地中海をどうやって移動しているのかと言えば、船でした。例えば、ナポリからカプリ島に行き、そこで会議をした後にアマルフィ海岸にある宿泊施設に向かう時は、船で移動する。車だと一〇時間以上かかるから誰も使わないそうです。海の交通網は観光客しか使わなくとも、あるだけで陸域の観光資源のインフラを維持しながら、昔ながらの移動の良さを体験できるものになります。そんな意味でも、海をもう一度見直していきたいと考えています。

ナポリにはヨーロッパで最古の海洋研究所があります。地中海の海底調査を初めて科学的に取り組んだ研究チームがナポリにあり、僕らは彼らとも連携しています。世界を見ても、やはりまだ海底の状況については未知なことばかりです。今、環境問題やエネルギーなどの課題について海が持つ可能性を再発見しようと国際社会でも取り組まれ、様々な知見を海に集中させせようというトレンドがあります。世界から注目を浴びるという意味でも、海は今、チャンスだと思っています。

私たち笹川平和財団の母体である日本財団が取り組んでいる瀬戸内の海底地図が、あと一年ぐらいで完成します。このプロジェクトは日本水路協会等と一緒に、日本初の試みとして全国的な航空測量を行い、日本の海岸線の九〇％をカバーする「海の地図」を整備するものです。現在はこの瀬戸内海のデータベースをどう活用しようかという議論になっています。

私たちが出資してつくったものなので、純粋に言うと国のものでもないし、民間のものでもありません。公益財団によってつくったデータベースなので、それを所有してる私たちがどのように生かしていくかは、今後の大きな課題になると思います。瀬戸内の価値を上げるために色々な場面で活用いただくことが一番良いと思うので、瀬戸内デザイン会議も然り、小林史明さんが提言している瀬戸内フォーラムといった公益的なプラットフォームに提供していくことが最適と考えています。

もし「海島」の中に海洋研究所ができるのであれば、瀬戸内海のデータベースはそこに置くといいかもしれません。今後は瀬戸内海の生態系などを調査し、それらのデータも蓄積していきますので、そういった研究の象徴となる一つのモデルとしても「海島」は適切でしょう。

藤本さんの提案を聞いていて、「海島」の電力源はどうするかを考えていました。最近は洋上発電などもよく聞きますよね。研究所にはかなりの電力が必要になってきます。データを分析し、動かしていく電力を生む仕組みさえあれば、「海島」は更に魅力的なものになると思います。こういった時代だからこそ世界中のどこにいても研究できるようになっています。そのためにも電力をどう生むかは非常に重要なポイントになると思っています。

研究者にとってもどんな環境で研究するかは非常に重要です。世界の海洋研究の中心であるナポリ海洋研究所やカリフォルニアのスクリップス海洋研究所は、観光資源とも一体化していて、世界的な研究者が沢山来ます。すると、そこにダイバーシティーが生まれる。そういった意味でも、「海島」の中に海洋研究所を置いていることは非常に良いことだと思います。

構想には理想形が絶対に必要になります。「現実的に大丈夫か」というような理想形がないと、どこを目指していいのかわかりませんから。そして理想形の実現は、やり方次第なので、そこはしっかりと公的な機関と連携していけば達成できると思います。

原　「海島」を構想した時、多くの人が荒唐無稽で中々難しいだろうと思ったのではないでしょうか。でも、松田敏之さんはずっと継続してその実現への道筋を考えてくれています。きっと脈があるからだと思います。
しかし、実現に向けて色々な課題を一つずつ克服していく必要があるとは思いつつも、「もし〈海島〉に笹川平和財団の海洋研究所ができたら」といった、ただでさえお節介なアイデアに、藤本さんが八〇〇平米といった面積を入れて提示した時は僕もドキドキしてしまいました（笑）。

角南　もう少し広い方がいいかもしれません（笑）。

原　ポジティブなご意見を頂き、ありがとうございます。

「海島」諸島

原　福武財団が共催している瀬戸内国際芸術祭が、瀬戸内の価値を世界に紹介した先例と言えるでしょう。福武英明さんは二代目として今後さらなる展開を考えられていると思います。そんな福武さんは「海島」構想をどのように見ていますか？

福武　僕も原さんと同じで、あまり政治家の方々が得意ではないのですが、小林さんのノートパソコンを見て、こんなにステッカーが貼ってある政治家のパソコンは見たことがなく、親近感が湧いてしまいました。

藤本さんによる「海島」のプレゼンテーションを聞き、やはり夢があるなと思いました。僕らも島々で活動していますが、どちらかと言えば、その島の歴史や文化を丁寧に紐解いていく方向です。でも、「海島」は新たに島をつくるという斬新且つ今までにないものですし、更にその島が動くというのだから、非常にユニークで夢がある構想だと思っています。

今回の提案から、僕はまだ行ったことはありませんが、ニューヨークにあるトーマス・ヘザウィックが設計した「リトルアイランド」（二〇二一年）を連想しました。あの建築の何がすごいかと言えば、海の上にそこまで大きくない公園をつくっただけなのに、あれだけの人が訪れて、世界中から注目されていることです。何でだろうと考えたのですが、もしかしたら公園というのは島や海との相性が良いのではないでしょうか。

小林さんのスピーチで磯焼けの話が出ました。今、新しい生鮮流通に取り組んでいる会社を手伝っていて、そこで勧められた漫画が草場道輝さんの『第九の波濤』(小学館)です。前半はほとんど恋愛の話なのですが、生鮮流通や漁業の全体像を把握する上でとても勉強になりました。

その作品で洋上風力発電の話が出てきます。洋上風力発電はエネルギーを生む技術としてだけではなく、副産物として洋上風力発電の下に魚礁が生まれます。魚はずっと泳いでいるだけではなく、やはり寝床が必要で、その寝床が魚礁です。例えば、海底に自然にできた岩山などが魚礁となります。人工でできたもので言えばコンクリートブロックや難破船、洋上風力発電の下もその一つです。おそらく「海島」の下にも魚礁が生まれるかもしれません。その意味では、瀬戸内海全体としてのエコシステムに対して「海島」がどう貢献できるのかを考えられたらおもしろいと思っています。

あと、藤本さんのプレゼンテーションに「海島」のスタディ模型が沢山出てきましたよね。あの写真を見て思い浮かんだのですが、松田敏之さんがやってくれるという無責任な視点で言うと、「海島」は一つではなく沢山あってもいいと思いました。「これこそが〈海島〉だ」という象徴的な大きな島をつくる方向性とは別に、コンセプトとしての「海島」もあると思うのです。つまり、小さな「海島」が集まってくっついたり離れたりする「海島」諸島です。それらは全てゼロからつくる必要もなく、既存の船に公園や緑など「海島」たる要素をインストールしていってもいいでしょう。

今、シンガポールでは新たに高層ビルを建設する際、政府から緑化のためのスペースを確保するように求められます。韓国では公共施設を建設する際、その費用の一％程度を予算として、施設内にアートを設けなくてはいけません。そういった制度のように、瀬戸内で浮かぶ船にも必ず「海島」の要素を入れることになるとおもしろいでしょうね。古い船は難しいのかもしれないけれど、少なくともこれから新しくつくる船にはインストールさせる。ただでさえ多島美という美しい景色がありますが、緑を乗せた船がウヨウヨ動いていたらおもしろいと思いました。是非とも一つとは言わず、バリエーションが豊かな複数の「海島」をつくって、集まったり離れたりできるといいでしょうね。神原勝成さんにも、「せとうち建築トリエンナーレ」だけでなく、船の芸術祭も考えていただきたいです。

「海島」は新しいボールになれるか

原　松田敏之さんのディレクションやリアリティを持った観点は、「海島」構想を実現させるためにも重要なポイントだと思っています。僕は前回、松田さんの肩に荷を乗せ過ぎてしまったと反省しています。「お父さんの客船プロジェクトはやめていただいて、〈海島〉をやってほしい」という言い方をしてしまった気がするのです。後になって、それはさすがに難しいと思い直しました。それでも、松田さんはずっと考え続けてくれました。本当にありがたいです。

現実的には松田さんがセッション3で挙げてくれたように、「海島」には課題や問題がまだまだあると思います。でも、そんな試行錯誤の延長で、神原さんたちも「海島」をやってみたいと考えてくれています。僕は「海島」実現の可能性が出てきたような気がしているのです。

人工と自然は相対するものでも対峙するものでもなく、テクノロジーが進歩すると人工と自然の間の境界はどんどんなくなっていくと思います。人間は何がしかのものを持たないと、世界のことはわかりません。比喩として正しいかわかりませんが、例えば球技と宇宙です。丸いボールを使ってある動作をすると、毎回同じリアクションが起きます。つまり、ボールの精度による球技の進展と同時に、ニュートン物理学の核心の部分を数式を経ないで人間は理解している。自然にある摂理がボールゲームでわかってしまうことがあるわけです。

何がしか介在物をつくり出していかないと、僕たちは自然のことも宇宙のことも実はわかりません。「海島」は新しいボールです。「人工物を浮かべた新しいリアルエステートをつくったので、皆さんも投資しましょう」という話ではなく、「海島」を介して海のエコシステムや環境問題について考えていければいいと思っています。

福武　「海島」を通して様々な問題を考えるというのはおもしろいですね。エコシステムだけではなく、教育問題なども考えていきたいです。その意味でも、「海島」にはバリエーションがある方がいいかもしれません。

小林　藤本さんのプレゼンテーションや原さんの話を聞き、瀬戸内の新しい未来が本当に見えてきました。学びと体験は、この瀬戸内においてキーワードになると思います。国としてプロジェクトを動かす上では、先ほど話題に出た生態系とエネルギーをテーマにできると、瀬戸内でやる意味を打ち出しやすいでしょうね。

角南　南イタリア滞在中、三～四代続いている古いホテルに泊まらせていただき、そこでアマルフィという地域がこの五〇年でどのように変わってきたのかを聞きました。

アマルフィはある年からアメリカの観光客ばかりになったそうです。それまではイタリア国内の観光客が夏に遊びに来る場所で、その状況では場所の付加価値がほとんど上がらなく、イタリアの経済そのものをずっと体現していたと言っていました。ところがある時、ニューヨークから来た観光客がアマルフィの暮らしや風景をアートと評して、世界中にその評判が広まりました。彼らはその地域にこのままでいてほしいと望み、付加価値が一〇倍になったとしてもお金を払って訪れると言い始めました。それがアマルフィ海岸を発展させ、今の状況をつくったそうです。

瀬戸内も同様で、富裕層やインバウンドをどう呼び込むかどうかではなく、私たちが目指したい瀬戸内とは何なのか、そこにどう貢献するのかを議論していくことが重要だと思いました。その意味では、瀬戸内デザイン会議は単なる観光振興の会議ではなく、そういった核心をついた議論をしている。しかも、世界的に活躍されている方々が集まり、それぞれの知見を出し合っているので、とても価値がある会議だと改めて思いました。

藤本　今回の提案について皆さんから意見を伺えて、頑張って設計してきてよかったと思いました。福武さんも話していたように、単に変わったものをつくるだけではおもしろくありません。角南さんが指摘するように、瀬戸内やこれからの社会にとって、あるいは瀬戸内エリアの価値をより深めるようなものとして、多角的な視点で「海島」を考えていくと可能性が拡がりそうだと思いました。引き続き、無償でどんどん設計を進めていきたいと思いますので、よろしくお願いします（笑）。

原　徐々に瀬戸内デザイン会議も佳境になってきたなと思います。毎回「海島」構想を温めつつ、実現するまでやる、果てるまでやりきるということで、今後ともよろしくお願いします。

倉敷

報告

それからの倉敷

大原あかね＋藤本壮介＋長坂 常＋岡 雄大

それからの倉敷

大原あかね＋藤本壮介＋長坂 常＋岡 雄大

プロフィールはpp.332-348参照

はじまりの予感

大原　第三回瀬戸内デザイン会議（倉敷篇）の時、建築家の藤本壮介さんと長坂常さんに「何でもやるから言ってくださいね」と仰っていただきました（笑）。勿論そう言っていただいたからには、私たちも一緒に何かできないかと考えました。

まず藤本さんとは、倉敷篇の発表で提案してくれた「街中が美術館になる」構想を実現させようということで、再び倉敷に来てもらい、倉敷篇の視察には組み込めなかった場所を幾つか一緒に廻りました。

若竹の園という、大原孫三郎の妻・壽恵子がつくった保育園に行き、園にあるプラネタリウム、創業当時の資料、当時使っていた子ども用の小さな道具などを見ていただきました［図1］。

倉敷中央病院にも行きました［図2］。この病院は今年設立一〇〇周年になり、古い貴重な医学書や、若手育成支援プログラム「ARKO（Artist in Residence Kurashiki, Ohara）」に参加した作家のアート作品が展示されています。倉敷中央病院は近々増築される予定なのですが、その計画に携わっている設計士の皆さんが藤本さんの大ファンで、彼らとの会合もありました。

児島虎次郎の旧宅も訪れ、神原勝成さんが憧れたガラスの茶室も見てもら

【図1：若竹の園にて】

【図2：倉敷中央病院にて】

いました。ここにはサウナもどきの跡もあります。もしかしたら児島虎次郎がサウナを使っていたのかもしれません。

児島虎次郎邸のすぐ近くにある、原田武一旧宅にも行きました。原田武一さんは日本のテニスプレイヤーで、児島虎次郎がいた時代に活躍し、世界ランキングで七位になった選手です。その原田邸の庭にサウナを増築したり、町家の内科医院を宿泊施設に改修するなど、美観地区内での開発を手掛けている辻信行さんにも会って、話を伺いました。

他にも、西村伊作さんが設計した倉敷教会や、倉敷考古館、玩具館に行ったり、倉敷篇でも活躍してもらったKURASiXの人たちとも再会いただき、会合もありました。藤本さんにはただただ今ある倉敷に新しく加える何かを考えてもらうのではなく、倉敷の街をより深く知ってもらうことから始めなければいけないと思ったのです。

藤本　光栄なことに、今年の七月に二泊三日で倉敷をまた訪れました。倉敷篇の視察では町家の美しい風景を皆さんと歩きましたが、そのすぐ内側に入って裏からも倉敷を見て、街との新しい接点を感じることができました。その視察の際に泊まった宿が、あかねさんが先述していた内科医院だった町家を宿泊施設に改修した「土屋邸」でした。宿泊することで住み手の視点からも倉敷を体験することができ、とてもおもしろかったです。

倉敷のルーツをしっかり体に刻み込んでくれというあかねさんの想いを受け、六月の視察のメインは大原孫三郎さんがつくられた倉敷中央病院や、西村伊作さんが設計した倉敷教会、若竹の園を巡りました。いわゆる観光客として歩く美観地区とはまた別の、街の背後にあるスピリットを感じる視察になりました。

特に印象深かったのは、倉敷教会を設計された西村伊作さんのエピソードです。とても先進的な方で、肖像写真もシンガポールで現地の民族衣装を着て撮ったものらしいです。また、虎のマントを羽織り、拳銃を懐に忍ばせてバイクで東京に向かったというよくわからない過激な伝説もあります（笑）。

美観地区はパッと見ると古めかしい美しい風景が残っていると誰しも思うわけですが、その背後には大原孫三郎さん、児島虎次郎さん、西村伊作さんという当時の最先端の人たちがいました。まさにここに集まっている瀬戸内デザイン会議の皆さんのように、当時の倉敷でこれから先の一〇〇年後の倉敷や日本をどうしようかと考えていたのでしょう。その時に考えていたこと、あるいはスピリットが今でも生きているんですね。病院の方々も孫三郎さんの意思をどう未来に継いでいくかを考えていると話していました。

僕は当初、瀬戸内デザイン会議にはゲストスピーカーとして参加しただけでしたが、良い感じに巻き込まれ、現在はメンバーとして楽しんでいます。七月の視察で、孫三郎さんをはじめとする先人の想いが今も倉敷に息づいているとより感じることができました。僕らはそれを引き受けてどう未来に継いでいくのかを考えていかなくてはいけません。倉敷が積み重ねてきたものと新しい考え方をどう融合させていくのかを、倉敷五人衆の方々と一緒に、あかねさんを支えながら実践していきたいと思っています。

具体的に何をするかという話はまだこれからです。ただ倉敷篇でも提案させていただいた、大原美術館を街に開いていき、美観地区全体と美術館が重なっていくイメージは可能性を秘めていると思っています。

美観地区には一〇月に屏風祭があります。昔からある催しで、各家が持っている屏風を家の前に出し、一般の方々も見れるようにするそうです［図3］。あかねさん曰く、そんな街中が美術館のようにも感じられるお祭りがヒントになるのではないかということなので、屏風祭にも行ってみようかと思っています。まさにはじまりの予感がしています。

大原　一方、長坂常さんは倉敷篇で「自分は美観地区ではなく、その周辺エリアで何かやりたい」と話していましたが、実際に駅前にあった小さなお店を改修してもらうことになりました。生まれ変わったお店の姿に、倉敷の皆は大喜びしています。

【図3：屏風祭。会議の後、実際に藤本氏は屏風祭に訪れた。】

長坂　ちょうど今日、その「立ち呑みura」［図4］がオープンします。昨夜はレセプションがあり、色々な方々に集まっていただきました。

僕は第三回瀬戸内デザイン会議に参加し、歴史的な街並みが残った観光地

【図4：「立ち呑みura」】

として知られている美観地区には、雑多な商業施設が増える中、倉敷の人々の暮らしとの調和を保つことが難しくなっているという課題があることを知りました。昼間は原宿のような観光地、夜になると人通りのない場所になってしまうことに危機感を持つ地元の方々の話を聞き、自分にできることはないかと考えた時、美観地区そのものではなく、その周辺に若い人たちの営みをつくることではないかと思いました。若い人たちの動きをいじり、周辺から美観地区に導いていけるような人の流れをつくるお手伝いをしていけたらいいと考えたのです。

おそらく美観地区周辺に三つくらい小さなものを手掛けたら、人の動きが少しは変わるだろうと期待しています。その第一弾としてKURASiXの秋葉優一さんから声をかけていただき、「ura」を設計しました。倉敷篇の約三カ月後の三月末に現場に行き、そこから始めて約半年くらいでオープンに至りました。

「ura」は、大正時代にできた立派な古民家の脇にある建物です。この建物は戦後の混乱時にどさくさ紛れに寄せ集めの材料で増築されたものらしく、隣の主屋に寄りかかるようにできています［図5］。更に、敷地が駅前の交差点に位置するため、区画整理によって隅切りされ、ファサードが斜めに切り

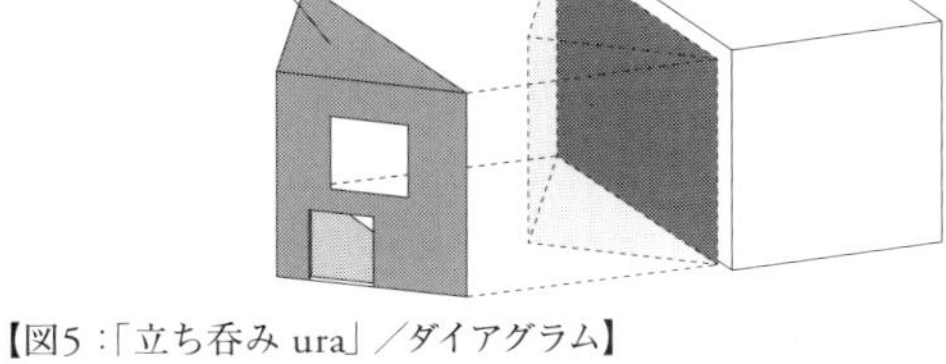

【図5：「立ち呑み ura」／ダイアグラム】

取られるといった人生を辿ってきた建物です。

そういった建物の生き様をそのまま見せる方がいいのではないかと思いました。主屋の外壁をそのまま丸裸に見せた状態にして、外から見ると大きな開口の先に隣の壁が見えるようなつくりになっています。そんな佇まいがきっとこの町の顔になると考えて設計しました。夜に行くと、この大きな窓から建物が主屋に寄生している様子が丸々見えるようになっています。

「ura」だけでなく引き続き美観地区周辺に、色々なものを仕込んでいけたらいいと思っています。例えば、倉敷に唯一残っている銭湯があると聞きましたので、そこも狙っています。倉敷駅を降りたらその銭湯に行き、汗を流し、すっぴんになって「ura」に寄る。そんな飲み歩きができる街になっていったらおもしろいと思います。

大原　藤本さん、長坂さん、ありがとうございます。そしてもう一つ、倉敷篇では神原勝成さんが率いるチームから「倉敷芸術科学大学と協力して何かできないか」という提案がありました。このことについては加計悟さんと話をしています。勝成さんのお力を借りたり、どうやって進めていけばいいのかを相談していきたいと考えています。

我々は彼らの未来にも生きている

岡　僕は第二回瀬戸内デザイン会議（フェリー篇）に参加させていただき、巡り巡って今回から正規メンバーという形で迎えてもらい、光栄に思っています。ただ倉敷篇には参加していないため、前回の会議の文脈を理解できていなかったのですが、あかねさん、藤本さん、長坂さんの話を聞き、ホテルをつくるだけではなく街に滲み出して活動するのが僕らStaple（ステイプル）の強みなので、そのあたりでコラボレーションできると思いながら聞いていました。

ステイプルという会社は、広島の瀬戸田というローカルと、東京の日本橋の都市に拠点を置いています。瀬戸田は、尾道市街地から愛媛まで六つの島と橋を介して結ぶしまなみ海道がありますが、その間にある島です。

僕らは歩いて二〇分圏内を「ご近所」と定義し、ホテルを起点とした企画、開発、運営を行っています。とは言っても、チェーンをつくってホテルを一〇〇店舗展開していくようなものではなく、自分たちがつくったホテルの徒歩二〇分圏内のご近所を小規模開発でひたすら継ぎ足していくような活動をしています。

ステイプルのコンセプトは「誰かの日常は、誰かの非日常」というものです。僕らがトスカーナに旅しに行き、普通の人たちが生活している姿を見たり、その人たちが通っているトラットリアに行った時にすごく感動した気持ちになるような体験、あるいはそのポテンシャルが日本のすべてのローカルに潜んでいると考えています。だからこそ、徒歩二〇分圏内という目に見えて手触り感がある範囲内にフォーカスを絞り、その地域の新たな在り方や生活を取り戻したり、つくっていくことに寄与していきたいと思っています。そのツールとしてホテルがあります。こんな地域がこの世界に存在するのだと、その地域を象徴するものとしてのホテルです。まずそういったホテルをつくり、その後、徒歩二〇分圏内のご近所を開発していきます。

少し複雑なのですが、瀬戸田での活動は二つの会社に分かれていて、地域の象徴となるホテルを企画・運営している法人がAzumi Japanの親会社にあたるNaru Developmentsで、街全体を開発する法人がステイプルです。瀬戸田ではNaruが「Azumi Setoda」という旅館をつくり、ステイプルで「SOIL」というお酒を飲むこともでき、子どもも遊べて、観光客だけでなく地元の人も利用できる交流拠点をつくっていきました。更に、商店街沿いには小規模の商業施設もつくっています。ホテルで地域の高さをつくることと、交流施設などで地域の交わりや広がりをつくることを同時にやり、その地域に多様な人たちを受容する土壌をつくっていきたいと考えています［図6］。

第二回瀬戸内デザイン会議では、その受容性を高めた後、地域の人や、外から来る人たちが何か新しいことに挑戦し続ける状況をつくっていく必要があるとお話ししました。フワッと僕らが介入して街を盛り上げただけでは、その賑わいは持続できません。そこで教育に行き着きました。例えば、瀬戸田ならではの学校、日本ならではのホスピタリティ学校をつくっていけないだろうかとプレゼンテーションさせていただきました。

僕らが瀬戸田に関わってから街全体の人口が五％減っています。ただ、二〇〜三九歳という他の地域では減りがちな層の人口を一一％増やすことができました。これに関係人口を含めると結構な数の人たちが瀬戸田に関わるようになっていると考えられます。ホテルをつくったことで宿泊率も倍になっています。まずは人口約七五〇〇人の島・瀬戸田で、こういったインパクトをつくる実証を四年ほどかけてできました。

そして、そのネクストストップとしての倉敷です。僕は岡山市生まれで、子供の頃から大人になるまで、倉敷にほぼ毎年訪れています。瀬戸田は元々観光地ではなく、新しく僕らが入ったことで観光産業が少しでき始めた街で

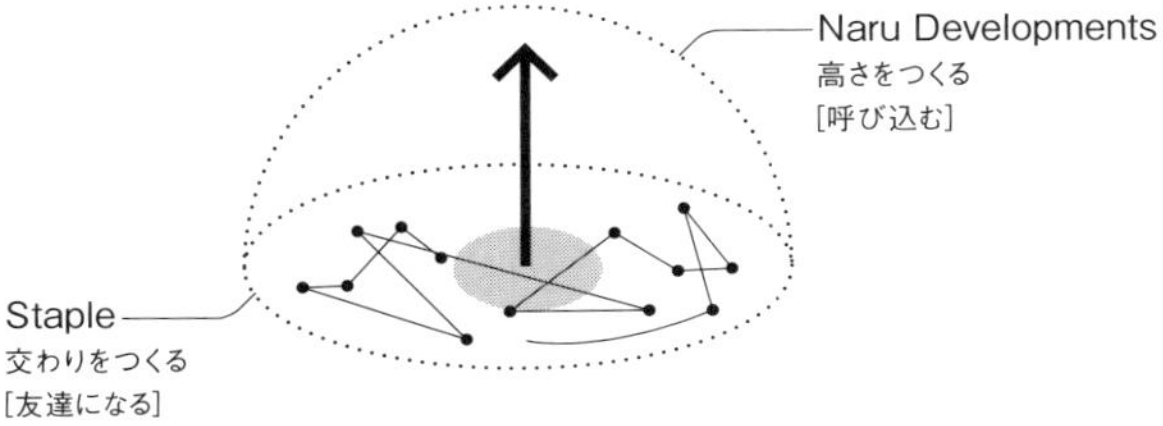

【図6：需要の三次元的拡張】

すが、倉敷は観光産業が経済の中心になっている場所です。ただ、自分が通い続けた幼少期からの記録を辿ると、倉敷には生活者が減った感覚があります。倉敷とは関係ないいくまモンカフェができてしまっていたり、トルコアイスが売られていたり……。

仮に倉敷＝美観地区と捉えた上で話をすると、この中で地元の人同士が話している姿や、八百屋で買ったネギを持って家に帰っていく姿など、いわゆる地元の方々の日常の風景をあまり見なくなってしまったと思います。僕らが関わることで、観光客も生活者もいて、地元の方々の生活の在り方に憧れる観光客が出てくるという構図をつくりたいと考えています。

倉敷の東町にはかつて楠戸家がやっていた呉服屋があり、今はミシュラン星付きのイタリアン「atelier & salon はしまや」として営まれています。その「はしまや」の隣に難波家という呉服屋があり、そこの本邸の真向かいにある別邸として位置づけられている建物を、私たちが一三部屋程度のホテルに改修することになりました［図7］。

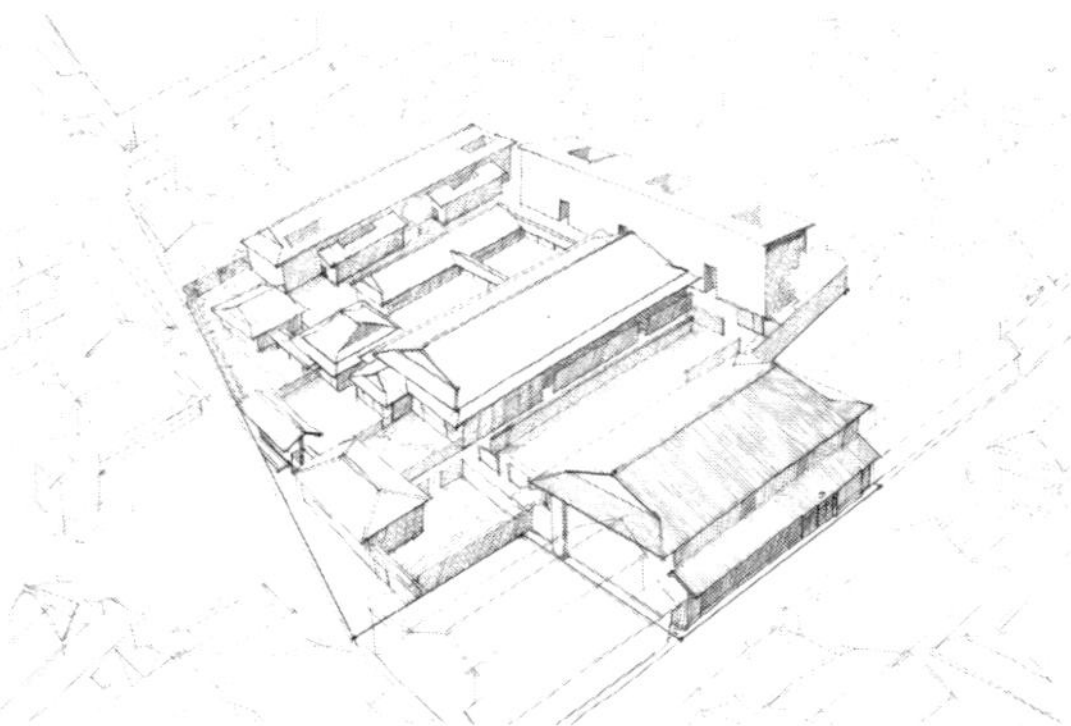

【図7：岡氏が手がける倉敷プロジェクトのイメージ】

築一四〇年の屋敷を入り口にしながら、客室の一部は新築し、一三部屋のホテル、レストラン、街に面したカジュアルなバーを計画しています。ただ、二〇二四年末に開業予定ではあるのですが、昨今の建材の高騰により、現在、コスト・オーバーランしてて、着工に向けて調整中です。

僕が倉敷に対して感じている、生活者を地域にもう一度呼び戻せないのか、街として日帰りや一泊二日という単位ではなく滞在時間や関係人口をもっと増やすことはできないのかといった課題についても、同時に考えています。一緒に会社をつくることなのか、同じ施設を皆で考えてつくっていくことなのかはわかりませんが、あかねさんはじめ、瀬戸内デザイン会議の皆さんと一緒になってこの課題に取り組めると嬉しいです。

地域開発について議論する時、「我々は彼らの未来を生きている」とよく聞きます。その言葉通り、当然ながら先人たちの未来を僕らは今生きています。倉敷の特色の一つに、美観地区だから歴史的建造物がきちんと保存されるルールがあります。本来はもっと広い範囲が、今の美観地区のように美しかったと思いますが、ぎゅっと凝縮したまさに二〇分で歩けるご近所を保存したことで、未来永劫残せる状況になっているのでしょう。つまり、ハードウェアの側面から見ると、実は一〇〇年後、二〇〇年後の未来も僕らは今生きていると捉えることもできる。先述の言葉を借りれば、「我々は彼らの未来にも生きている」。自分がこれまで通う中で見てきた倉敷の街も、現在の倉敷の街も、一〇〇年後の倉敷の街も、体感するハードウェアはほとんど変わらないはずだからです。

一方で、ソフトウェアや街づくりの在り方は、倉敷ならではのやり方が必ずあるはずです。しかし、その更新は壮大で簡単ではないと思いますので、僕ら一社でやりきれるわけはなく、是非とも皆さんの知恵、ひょっとしたらお金とエネルギーを借りて、一緒に取り組むことができたらと考えています。これは今後の瀬戸内デザイン会議の持続的な活動にもつながっていくテーマだと僭越ながら思っていますので、引き続きよろしくお願いします。

いろは

報告

「蔵宿いろは」改修計画：急

松田哲也

「蔵宿いろは」改修計画：急

松田哲也

ヒロマツホールディングス
株式会社 代表取締役会長
兼ＣＥＯ

いろはの現状

「蔵宿いろは」の事業を継承したのが、「ガンツウ」で行われた瀬戸内デザイン会議のプレ会議後になるので、二〇二一年四月です。そして、厳島での第一回瀬戸内デザイン会議（宮島篇）で、皆さんに実際に「蔵宿いろは」を見学いただき、どう立て直していくのかを議論してもらいました。一年後、岡山で行われた第二回瀬戸内デザイン会議（フェリー篇）で、建築家の竹原義二さんと計画した改修方針を報告し、皆さんから改めてフィードバックをいただきました。その後、改修工事に取り掛かります。三カ月の工事を終え、

第三回瀬戸内デザイン会議〈倉敷篇〉の時にリニューアルオープンし、このタイミングで名称を「蔵宿いろは」から「厳島いろは」に変更しました。今日はその後の状況についてお話ししたいと思います。

まず皆さんが大好きなお金の話をしましょう。改めて、総投資金額は約五億七〇〇〇万円になりました。東尾道商業開発と広島マツダ、握手カフェという三社で分担してはいるものの、六億円近く突っ込んでしまいました（笑）。簡易的にキャッシュフローを試算すると、年額賃料四二〇〇万円、約二〇年で総投資額を回収できる見込みになっています。

セッション3で青木優さんも説明してくれましたが、私の方でもコロナ禍前後の日本のインバウンド需要を整理してみました。日本政府観光局によると、二〇二三年六月の訪日外国人観光客は二〇七万三三〇〇人で、二〇一九年同月比で七二％回復したそうです［図1］。コロナ禍前の訪日客の三割を占めていた中国は海外渡航制限により激減していますが、円安の影響でアジアやアメリカ、オーストラリアからの観光客は増加していま

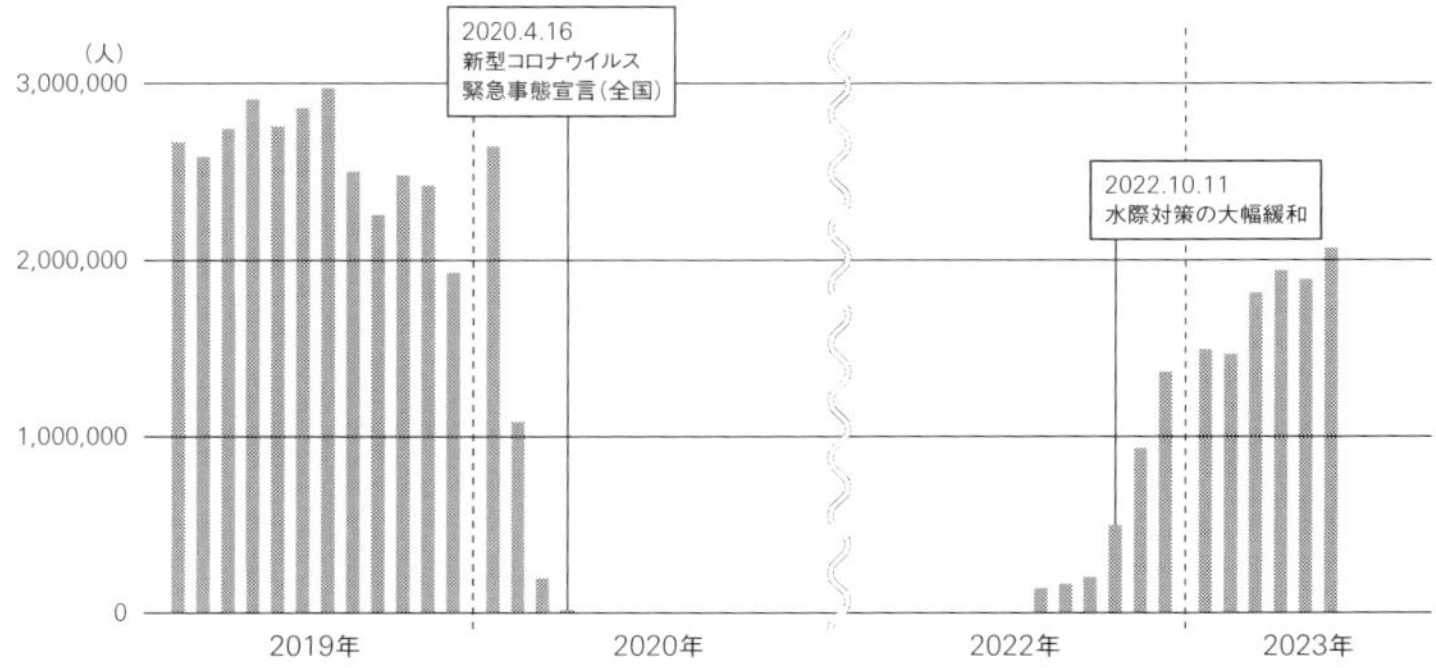

【図1：訪日外国人客の推移】

す。二〇二三年一～六月で一〇〇〇万人以上の外国人観光客が日本を訪れてくれています。

国内外含め、コロナ禍が終わって旅行客も増加し、一部地域ではオーバーツーリズムの懸念が出ています。しかし、私が大きな問題と考えているのは、地方空港の国際便のダイヤがまだ戻っていないことです。広島空港に至っては全く回復していません。国としてインバウンドの受け入れを加速していても、地方空港は人手不足などを理由に路線を再開できなかったり、新規航路の開通も先送りになっています。そのおかげで、地方空港に依存している地域の観光地は、依然としてまだ回復していないと言えます。

次に広島県の宿泊者の推移を見てみましょう［図2］。広島県に限って言えば、日本人の宿泊者数はコロナ禍前を超えたけれど、インバウンドはまだ七四％に留まっている。「厳島いろは」の宿泊者数の推移も見てみると、「蔵宿いろは」の時、宿泊客のほとんどが外国人の方々でした［図3］。実はインバウンドのおかげで成り立っていたと言えます。しかし、コロナ禍を経て、日本人宿泊客は戻ってきてるけど、外国人はほとんど戻ってきていません。外国人宿泊客の地域分布を見ても、コロナ禍前後で変わっていることもなく、単に宿泊客の絶対量が少なくなっていることがわかりました［図4］。客室の稼働

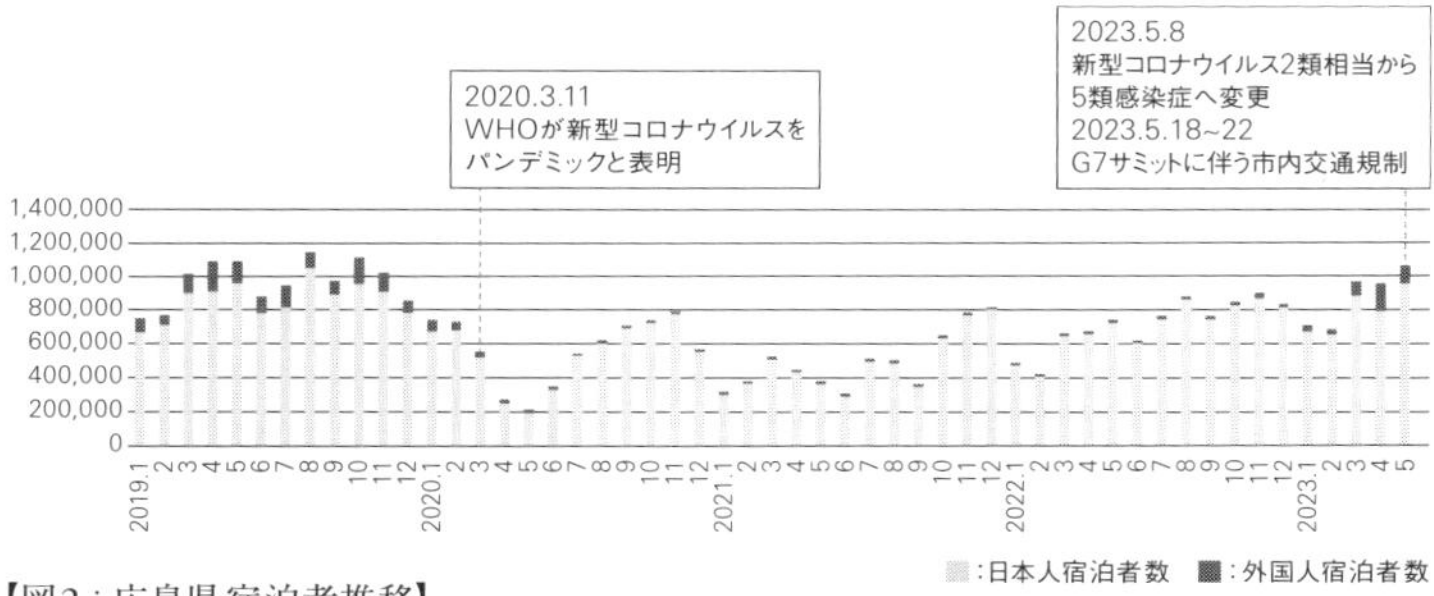

【図2：広島県宿泊者推移】

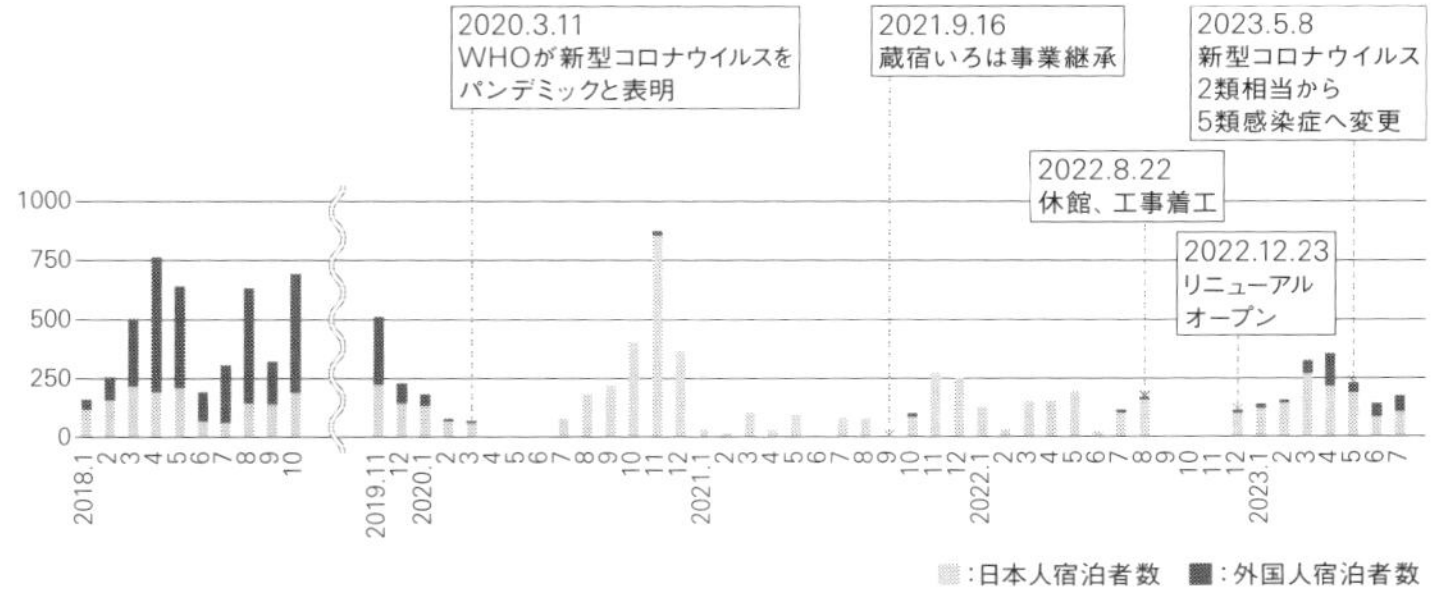

【図3：「厳島いろは」宿泊者推移】

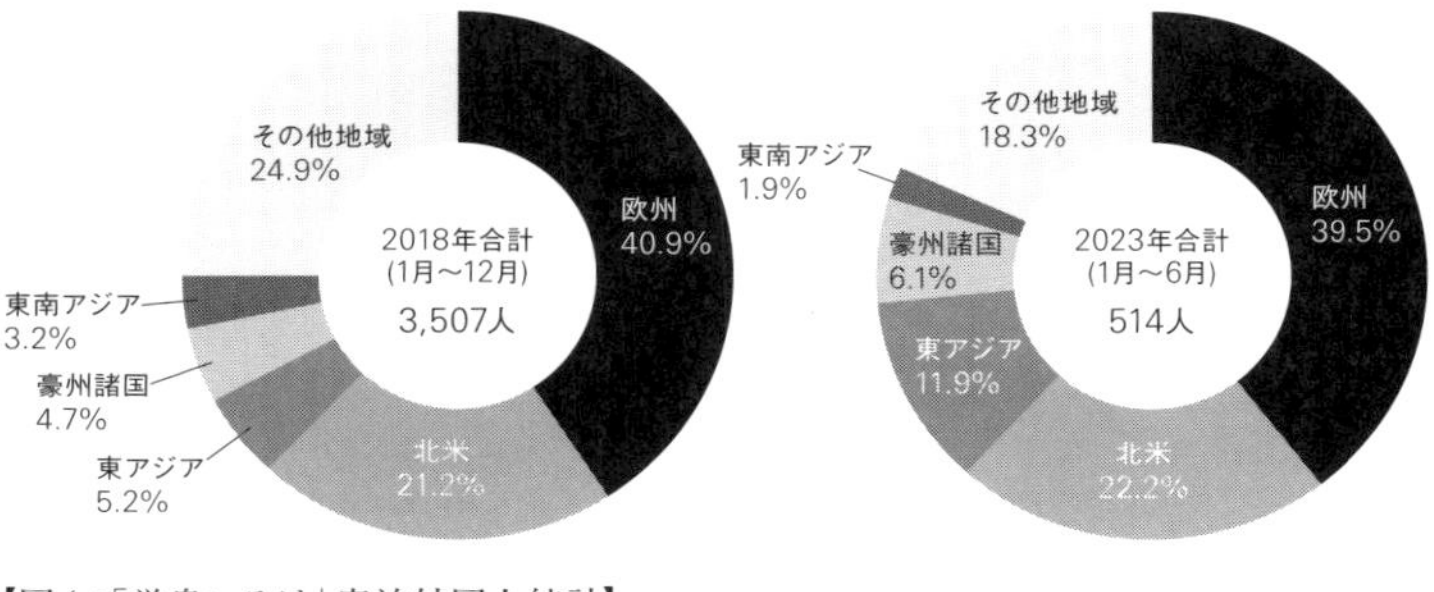

【図4：「厳島いろは」宿泊外国人統計】

率等も含め、正直に言うと伸び悩んでいます。採算ラインが月商一八〇〇万円で稼働率四〇%ですが、改修後、約一三〇〇万円で稼働率が二七%に留まっています[図5]。

改装前後での各客室の稼働率を見ると、四階につくった二室を一つにした一泊三〇~四〇万円のスイートルームが、まず伸びていません。また、何も触っていない二階の和室を少し安価に設定しているのですが、このフロアに関しては外国人の利用者がゼロです。誰も利用してくれない。この最も高い部屋と最も安い部屋が極端に伸び悩んでいます。

採算ラインに乗るための課題や要因を私たちも分析しました。端的に言えばPR不足です。誰にも知られていない。改装したのにウェブサイト上で何も変わっていない。そこで今後は、ホームページのリニューアルを含め、PRをもう少し大きく展開していきたいと考えています。

お客様にアンケートを取ると、あまり悪いことも書かれていなく、むしろ褒めていただけます。建物から見える景色やアメニティ、スタッフの対応に関しても良いコメントが見受けられ

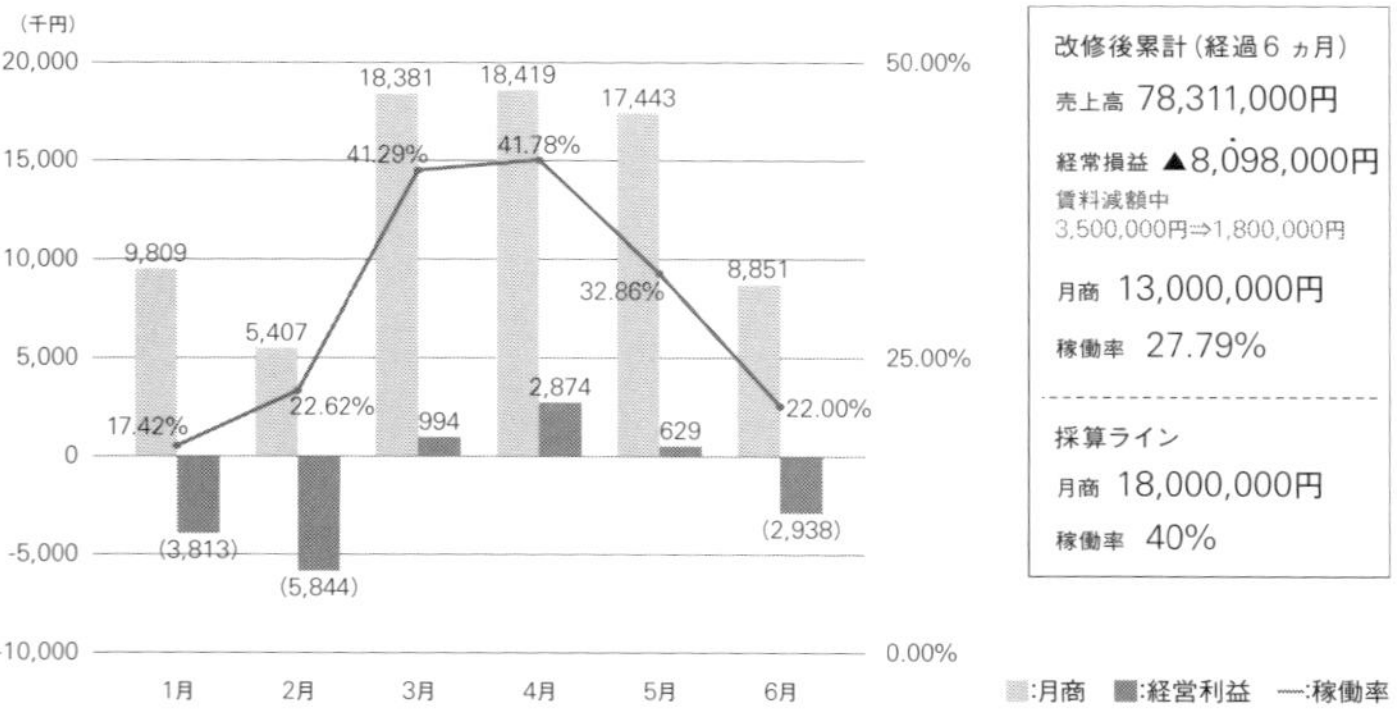

【図5：「厳島いろは」改修後月別収支】

ました。一方で、お客様の視点に立った、先を見越したおもてなしやホスピタリティーを求めている声も見受けられました。そういったソフト面を今後改善していきたいと考えています。

もう止められない、自己負担額は八億円

そして今回、新たに報告があります。前回のリニューアル時に手を付けられていない箇所も改善したく、もう一度改装することにしました。

「蔵宿いろは」の頃にフロントがあった一階山側は現在、空いています[図6]。フェリー篇の時、石川康晴さんや御立尚資さんから「二階の床をぶち抜いて、一階は大衆的なお好み焼き屋、二階は高級な鉄板焼きレストランにしたらどうか」というアイデアを頂きました。そのアイデアとは少し違うのですが、一階山側を洋食のレストランにすることにしました。一階海側には既にレストランがあるのですが、そこには「おりづるタワー」(二〇一六年)の一階にある「握手カフェ」というカフェを移転し

【図6:「厳島いろは」1階山側】

ます。つまり、一階は全て飲食フロアになるということです。

先ほど説明したように、二階には外国人の利用者がゼロの安い価格帯の和室が三室残っています。それらの客室を、商店街に面した山側の広縁を中心に改装し、窓辺でゆっくり浴衣でお酒でも飲んでくつろげるような設えにしたいと考えています［図7］。

また各客室の水回りが非常に弱いため、全部屋のお風呂を五右衛門風呂にします。これは真面目に言っていますからね（笑）。実は広島は五右衛門風呂の産地で、たたら製鉄から始まった鉄鋼の街でもあります。他の旅館を調べても、お風呂に関しては少し個性が足りていない様子でした。そこで「厳島いろは」は、全室を五右衛門風呂あるいは陶器風呂にして、広島産の鋳物を活かした純和風の風呂があると海外に向けて発信していきたいと考えています。あと、外装や開口部周辺についても、少し改装する予定です。

実は今回も、一億一〇〇〇万円の補助金を頂きました。二億二〇〇〇万円の自己負担を加えると、総事業費三億三〇〇〇万円の改装工事になります。今までの投資金額を合計すると、自己負担額はもう八億円……たった一六部屋しかない宿なのに……皆さんのせいと言いますか、皆さんからの意見を真摯に受け止めた結果、こういう形になってしまったというところが私の結論

【図7：「厳島いろは」2階山側和室】

です（笑）。八億円もかけると、稼働率四〇％でも黒字にはならず、五〇〜六〇％を目指していかなければいけません。私たちのホスピタリティー不足もアンケートから指摘があったので、そういったソフト面もこの改装期間中に改善策を練っていきたいと考えています。

着工は二〇二三年一二月から二〇二四年二月末までの三カ月間。年末年始の繁忙期も捨てて再び全面休業し、三月からリニューアルオープンする予定です。その工事が終われば、完全にハード面でのリニューアルが終わるため、晴れて瀬戸内デザイン会議のメンバーである皆さまを定価でお迎えできるようになります（笑）。是非、またお越しください。

戦後一〇〇年の世界に向けて

今回の瀬戸内デザイン会議での議論で、私も皆さんからインスパイアされましたので、最後に「厳島いろは」ではないのですが、今考えていることを少しだけ話させてください。数年前に『２０４５年、おりづるタワーにのぼる君たちへ』（ザメディアジョン、二〇一九年）という著書が出ました。二〇四五年は戦後一〇〇年の世界です。日本は現在戦後なのか、本当にもう終わったのかと改めて自問自答した内容で、徹底的な未来志向が書かれています。

世界を見ると、カタールという国は人口約二八五万人で、広島県とほぼ同じです。面積もひと回り大きい程度です。カタールの首都はドーハですが、皆さんは「ドーハの悲劇」を覚えていますか。一九九三年、三浦知良選手やラモス瑠偉選手がいたサッカー日本代表がイラク代表に惜しくも敗れ、ワールドカップ本戦への切符を逃した試合です。私はこの「ドーハの悲劇」に注目しました。改めて試合の映像を見てみると、会場であるアル・アリ競技場はボロボロなんですよね。国際試合の会場なのに、日本の県営グラウンドや市営グラウンドのようなものです。

そしてあれから三〇年経ち、二〇二二年、ワールドカップ・カタール大会が開催されました。実は私、「三苫の一ミリ」が話題になったスペイン戦を現地に見に行っていました。だから言えるのですが、三〇年前のアル・アリ競技場とは違えど、スタジアムのすごさに驚きました。そして、カタールは広島県よりひと回り大きい程度の面積なのに、三〇年かけてそんな規模のスタジアムを八つもつくっています。二〇二四年にようやく広島にもサッカースタジアムができますが、スピードが全く違います。勿論、労働者を低賃金で就労させるなど色々と問題はあると思いますが、この三〇年間でカタールは見違えるような発展を遂げていたのです。

では、日本はどうなのか。広島はどうなのか。街並みは少し変化しているけれど、ほとんど変わりません。それが今の日本のスピードなのかなと思います。どうも現代の社会では、調和を優先し過ぎたり変化やリスクを恐れ、人間の創造性が中々発揮できない状況に陥っていると思います。これを単純に人口減少、少子高齢化、デジタル化の遅れ、行動・対応の遅れなどで済ませていい話なのだろうか、私たちの世代も何か動かなければいけないのではないかと思いました。

二〇四五年まで残り二〇年余り。その二〇年で街並みがどう変わっていくかは、あらゆる産業のトップに立つ方々の決断次第だと思います。皆さんのような方々が力を合わせれば、戦後一〇〇年の二〇四五年に向けて素晴らしい街ができると私は思っています。

プレゼンテーション

チームA

「海島」を実現させる仲間づくり

西山浩平＋伊藤東凌＋梅原 真＋桑村祐子＋小林史明＋神 義一＋角南 篤＋橋本麻里＋原 研哉

チームB

建築祭と旅行会社

須田英太郎＋青井 茂＋大本公康＋神原秀明＋黒川周子＋白井良邦＋高橋俊宏＋長坂 常＋松田哲也＋神原勝成

チームC

多層性を探り、紡いでいく旅

小島レイリ＋青木 優＋大原あかね＋岡 雄大＋福武英明＋藤本壮介＋松田敏之＋御立尚資＋石川康晴

発表―チームA

「海島」を実現させる仲間づくり

西山浩平＋伊藤東凌＋梅原 真＋桑村祐子＋小林史明＋
神 義一＋角南 篤＋橋本麻里＋原 研哉

プロフィールはpp.332-348参照

役者は揃っている

西山　このチームのフォーカスは体制づくりです。今回のお題である「海のシナリオ」、すなわち瀬戸内海の近未来のヴィジョンとあらすじについて説明した上で、どうやって仲間を集めてそのシナリオを実現していくかについて話を進めていきたいと思います。

今回の瀬戸内デザイン会議では幾つか重要なキーワードが出ました。どんな仲間を集めるのかが大事だし、どれだけ沢山空想できるのかも大事だという話もありました。あと、「海島」が島でも船でもなく何なのかわからないけれども、とにかくつくれるんだ、在るものを享受するのではなく自分たちでつくり出すんだという話も大きなポイントだったと考えています。仲間で集まって空想し、人工物をつくる。それをどうやって実践していくのかをチームAでは話し合いました。

実はもう峠は半分以上越えているのではないかと思っています。「海島」のアーキタイプとなるものは既に瀬戸内でつくられ実証されているからです。それは二〇一七年にできた「ガンツウ」です。「ガンツウ」は五〇億円かかりました。今回は量産フェーズに入ったと考え、例えばその一／一〇〇の値段で「海島」をつくってみると、「海島」構想に参加する人が増えていくのではないでしょうか。もしくは色々な用途に対応していけるように考えていく必要もあります。

原研哉さんがポロッと「この会議も将来、〈海島〉の上でやりたいよね」と仰っていました。瀬戸内デザイン会議が一〇回で終わるのであれば、二〇二九年までには「海島」を実現しない

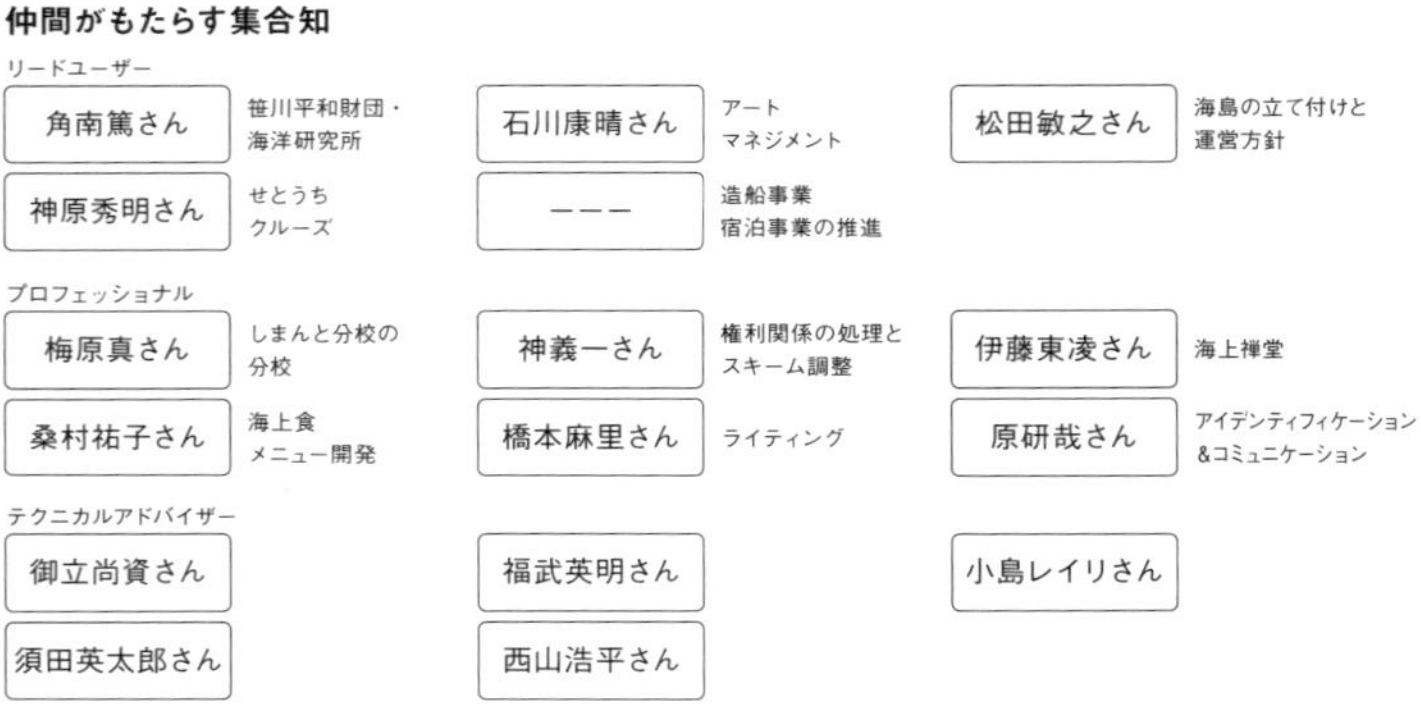

【図1：瀬戸内デザイン会議のメンバーの配役（草案）】

といけません。今が二〇一三年なので残り六年です。六年でもう海の上に「海島」が浮遊しているといったスコープを持って取り組めるといいと思います。前々回の会議で「二〇二五年日本国際博覧会（大阪・関西万博）」で「海島」構想を発表しようというアイデアが出ていましたので、対外的な発信としてそういった機会を利用してもいいでしょう。つまり、ゴールまでの道のりはもうできています。

次に完成イメージです。量産型の「海島」は色々な形で海の上に浮かんでいます。宿泊ができ、コンベンションセンターでは大きな会議を開くことができます。海の研究もできます。ご飯も食べられるし、アートギャラリーもある。これらの機能を実現するためには誰が担い手になるべきかが完成イメージになります。

「海島」の立ち上げに必要なアクターとして、お客さんとお客さんが必要なものを提供する人たち、つまり要求を出してくれるリードユーザーと、その要求を満たしてくれるプロフェッショナルが必要です。それも実はこのメンバーの中にいると気づきました［図1］。

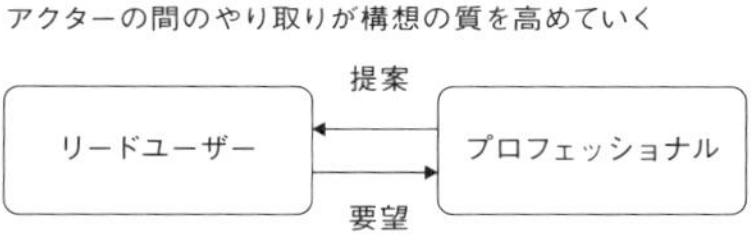

【図2：アクター同士の対話によって、構想に経済合理性も生まれてくる】

例えば、リードユーザーとして海洋研究所は角南篤さん、アートギャラリーは石川康晴さん、宿泊施設やレストランなどは神原秀明さんが相当できると思います。一方、プロフェッショナルとしては、海上レストランのメニュー開発を桑村祐子さん、「海島」にある各機能の権利関係の処理やスキーム調整を神義一さんにお願いできるでしょう。このように既にリードユーザーとプロフェッショナルはこの瀬戸内デザイン会議の中にいるので、それぞれ膝を突き合わせて本音で「こういったものが欲しい」「幾らしか出せない」といったやりとりを重ねていくと、どんどん必要な仕様が明らかになっていくだけでなく、経済合理性が働くようになっていくと思っています［図2］。このような良循環を起こすことは今からもう始められます。

地域とシナリオを共有する

角南　昨夜、少し考えていました。私は今、広島大学の学術顧問という役割も兼務しています。中国・四国地方の大学間には広域大学連携というものがあり、研究所のユーザーのニーズはそのネットワークを使えば掘り起こせると考えています。「海島」が移動するのであれば、大学の研究と教育にも貢献できると思うので、瀬戸内全体が海洋研究のプラットフォームになると思いました。移動するから、どこかの大学が抱え込まなくていいという点も魅力的だと思います。

それから、日本財団で大阪大学に感染症の研究所となる感染症総合教育研究棟をつくりました。縁があって安藤忠雄さんに設計いただいています。この施設に三〇〇億円をコミットし、私たちも財団として研究所に投資をする実績ができました。

未来と人を育てるという意味で、「海島」に研究所という機能を入れていただけるのはとてもありがたいことです。瀬戸内という地域にも様々な面で貢献できるでしょう。

小林　まずは今秋にでも賛同いただける国会議員だけで瀬戸内フォーラムを立ち上げ、年内までには各県の知事をしっかり説得し、できるだけ早く正式な立ち上げができるように準備を進めていきたいです。

また、瀬戸内のローカルの事業者も参加できる勉強会もやっていきたいと思っています。定期的に勉強会を開催し、できれば瀬戸内デザイン会議のメンバーにも登場いただき、皆さんの頭の中を事業者の方々にも共有いただきたいです。

私も一一年間、福山をはじめ全国でまちづくりに携わってきて思ったのですが、ハードだけが先にできるとうまくいきません。むしろ地域として何の問題を解決したいのかという思いからコミュニティーをつくり、そのコミュニティーの拠点として必要なハードが整備されるという順番が重要だと思っています。その点でこれから「海島」が立ち上がってくるのであれば、この地域の皆さんと瀬戸内のシナリオを共有し始めていく必要があるでしょう。共有する中でそれぞれがヴィジョンを持ち寄り、そこで活動が始まり、最後には「海島」に合流する。そのシナリオはきっと瀬戸内という地域を活性化させるものとなるでしょう。

瀬戸内海を大きな水槽と捉える

梅原　瀬戸内デザイン会議ではよく話をさせてもらっていますが、僕は瀬戸内から四国山脈という一山越えた場所で「しまんと分校」という活動をしています。活動のきっかけは本校が頼りなかったから。本校とは東京方面のことです。東京方面がしっかりしていないので、最後の清流があるような辺ぴな田舎にこそ大切なことがあるんじゃないかと。

地方の時代と言ってもう四〇～五〇年経ってしまいました。でも、未だに地方の時代ではありませんよね。分析したら、地方がバカなんですよ。自分たちの哲学や主張がない。全国の農業もその多くが、農協さんの手を借りて農薬や化学肥料を入れたものです。それのどこに誇りが持てるのでしょうか。

ということで、物産品や産業、四万十川流域に生きている人の生き方まで含めて、「しまんと流域農業 organic」というブランドとして展開することにしました［＊1］。「その土地の個性にあった農業」「化学肥料・農薬を使わない農業」「耕作放棄地を活用する農業」「デジタルを積極的に使う農業」「移住・定住を歓迎する農業」「自分で決める農業」といった考え方の下、地域の課題に向き合っています。

それがちょうど農林水産省が数年前に打ち出してきた「みどりの食料システム戦略」[*2]にぴったりハマり、補助金を頂けることになりました。「みどりの食料システム戦略」とは簡単に言えば、二〇五〇年までに日本の農地の一/四を有機化したり、農薬を二〇三〇年までに一〇%減らすといった取り組みです。そんな農業をオーガニック化していく政策は「しまんと流

1——『瀬戸内デザイン会議3 倉敷篇/地域開発の毒と薬』参照。

2——災害や温暖化に強く、生産者の減少やポストコロナも見据えた農林水産行政を推進していくための、持続可能で安定供給も兼ねた食料システムを構築することを目的とした、食料・農林水産業の生産力向上と持続性の両立をイノベーションで実現する戦略。

ちなみに、僕らの方が先です。

域農業 organic」の考え方と合致していたのです。ちなみに、僕らの方が先です。

僕は補助金をもらうタイプではありませんが、現在、自分のプロフィールに「農林水産省の支援を受け、一本の川全体の生き方をブランディングする〈しまんと流域農業 organic〉進行中。」と必ず書いています。国に擦り寄る感じがするでしょ？けれども、それでいいんですよ。高知市と同じような農業をしていたらあかんよと、四万十流域で自分たちの誇りのある農業していることを発信しているわけです。

さて、そんな僕が何でここにおるのか。「海島」で分校を開いてしまおうかと思っているんです。分校の分校です。ラストリバー（最後の清流）があるど田舎の分校が、ラストアイランドみたいなところに来て学校を開いてしまう。学校のプログラムの中身はわかりませんが何とか理屈を付けて、「海島」で「しまんと分校」を開校したいと考えています。

桑村　藤本壮介さんの「海の中の海」を見て、そこにたった一人で座禅を組んでいるイメージが急に湧きました。そんなイメージを元に「海島」独自のメニューを開発したらおもしろそうだと思いました。まだ漠然としていますが、頂いたらすごく美味しいんだけれど、言葉の説明などがなるべくない世界観で身体に入ってくるような表現ができたらいいです。

「海島」はラグジュアリーだけではなく、人間と海の関係や、あるいは海だけではなく山や木など自然環境を考える場所になればいいと思います。今、私たち料理人も、どんな素材が市場に出ているのか、あるいはどうして出ていないのかを現場に行って調べています。すると、日本が天然の素材を食べられない状況に直面しているとわかりました。

例えば兵庫県の明石浦では漁協と漁師が一緒になって、海底を耕して栄養を出していく海底耕うんを実施し、魚のエサとなる植物プランクトンを増やしています。一方で、養殖業を営んでいる人たちは、とにかく海を汚さないで綺麗にしてくれと主張しています。そこに大きなせめぎ合いがある。そんな漁業が抱えている課題も含め、瀬戸内海を大きな水槽と捉え、「海島」

が実験の場になればいいと思っています。

小林　桑村さん、今朝の朝ご飯からチューブのわさびが塩に替わっていたことを一言褒めてあげた方がいいかもしれません。

桑村　「ベラビスタ」のスタッフの皆さん、余計なことを言ってしまい失礼しました（笑）。ご対応いただき、本当にありがとうございました。

小林　「ベラビスタ」の実行力とスピード、さすがでしたね。

ひと手間が豊かさを生む

神　「海島」構想では、皆さんからの様々な意見やアイデアがありますので、私はそれらを取りまとめて調整していくような役目になると考えています。

私は不動産業が専門ですが、その中でもホテルなどの分譲スキームを得意としています。松田敏之さんが現在進めているクルーズ船の分譲スキームづくりもお手伝いしています。

「海島」のように皆で出資をし所有する場合、その所有形態の権利についてはしっかりと整理していかないといけません。例えば、一つのバージを皆で共有するのであれば、その権利をどのように整理して分けていくのか。もしくは複数のバージをドッキングしていくような形がありえるのか。または母体となるバージがあって、それに対して小バージのような形で複数展開していくのか。様々だと思います。どのような場合も、それらの所有形態をしっかりと法的に整備していく必要があるでしょう。

入口、期中、出口と考えた場合、出資するはじめの入口の部分と、期中の賃貸運用または自己利用をどのようにしていくのか。そして、売却出口がいくらで売れるのか。一生涯保有するということではないと思いますので、いつかは売却をし、所有者が代わるタイミングも想定されると思います。その時もそれらの権利形態が不安定にならないように整備していきたいと思います。

伊藤　瀬戸内デザイン会議に来るとフィールドワークやセッションで非常に濃厚な体験をして、ラグジュアリーという言葉もありますけれど、「豊かさとは何か」といった大きな問いがドンと出てきますよね。梅原真さんの話にもあったように、観光の原点とはその地域の暮らしを覗きに行くことだとすると、覗いてもらう側の日本で暮らす私たちは今どれぐらい豊かなんだろうかという問いも出てくる。そして、他者を迎え入れる際、瀬戸内の豊かさをより深く感じてもらいたいと考え、私たちは工夫するわけです。そのひと手間を相手に楽しんでもらう。

誰かに旅の体験を説明する時、滞在した空間や食べたものについて話されると思いますが、どうやって辿り着いたかも重要です。よく考えると、神社をお参拝する時も何段もの階段を上ったという体験が大きいし、玉砂利の中を歩いていき、その音と共にその日の記憶として刻まれる。「LOG」にアクセスする時も長い坂道を歩きましたよね。何かひと手間加わることで、私たちは普段とは違う景色を見るわけです。セッション4で福武英明さんから一つでなく沢山の「海島」があってもおもしろいよねという提案がありました。それは一つの変化球的な要素ではありますが、それによって島々を介して海上全土を回るひと手間も生まれてくると思います。

先ほど、桑村さんから禅の話が出ました。禅と聞くと、まさに座禅を思い浮かべる方が多いと思いますが、禅には行住坐臥《ぎょうじゅうざが》という言葉があります。行く、住む、座る、寝るという意味です。座るのがまさに座禅であり、歩くのが行禅です。その意味で、せっかく海の上でやる禅、ひと手間をかけて海に出て禅道を楽しむのであれば、座禅もいいですが、臥禅といった寝転んで空や海と一体化できるような禅もいいですよね。海上全土で瞑想するわけです。

あるいは住の禅として、「海島」にお茶室のような要素があってもいいでしょう。今や簡単にティーバッグでも飲めるお茶を、あえてひと手間かけて海の上で楽しんでもらう。そんな仕掛けがあると、訪れた人たちがすごく豊かな瀬戸内を体験できるかなと思いました。

世界観のアーキタイプを展示する施設

橋本　実は私は第二回瀬戸内デザイン会議（フェリー篇）には参加していなく[＊3]、「海島」については今回初めてきちんとお話を聞きました。聞いているうちに考えたのは、世界のモデル化です。人間は世界の複雑性を当然そのまま理解できないため、何らかのモデルをつくって「世界とはこういうものだ」と認識を得ます。例えば庭はまさに世界をモデル化したものですよね。「海島」を見ていてもミニ地球という感じがするわけです。

別の参照例で言えば、「バイオスフィア2」も思い浮かびます。ここでは小さな生態系をつくり、その中で完結した世界が将来、太陽系進出時の拠点モデルになるという実験が行われています。「海島」もそういったものの一つに見えました。

箱庭的な地形ゆえ、瀬戸内はまさに庭的な風景です。古来日本では、庭のことを島と言いました。日本語の文献上、初めて「島」という言葉が出てくるのは「嶋家」で（『日本書紀』推古

【図3：掬月亭から見る洲浜】

三四（六二六）年条）、何を指していたかというと、飛鳥にあった蘇我馬子《そがのうまこ》の邸宅です。蘇我馬子は別名を「嶋大臣《しまのおおおみ》」と呼ばれていたのですが、それは馬子が自分の邸宅の敷地内に明日香川から水を引いて池を掘り、その中に小山を築いて、庭園をつくっていたからです。

セッション3の堀部安嗣さんのスピーチで、屋根と床で切り取った風景の参照例の一つとして、栗林公園の掬月亭が出てきました。掬月亭から外の公園を見ると、池の水際《みぎわ》が曲線を描き、そこから山あるいは島のような陸地があり、突端部にはこんもりと木が茂っています。そして小壁や軒と床によって風景が切り取られている［図3］。庭園に再現された、洲が曲線を描きながら出入りする海辺を洲浜《すはま》と呼び、そのモチーフは工芸や絵画などに生かされ、長く愛されてきました。

洲浜のイメージ、島であり庭であるもののイメージは実は中国にはありません。中国で水辺の風景というと滝や川、池、湖

3——オリエンテーションのみビデオで参加した。

になる。もしかすると島々が連なる水辺の風景は、日本でつくられてきた様々な造形のイメージの中で唯一、日本オリジナルの意匠で、一つの世界観と言えるかもしれません。

西山さんから「アーキタイプ」という言葉が出てきましたが、この「海島」が日本あるいは瀬戸内にとっての風景、意匠、世界観のアーキタイプを展示する施設になるのではないかと考えました。自然をより深く理解するためのインターフェースが「海島」であるならば、研究所もある「海島」というより、研究所をコンセプトの中心に持ってきてもいいのかもしれません。

私たちの営みに打つ句読点

原　セッション4でも話しましたが、「海島」は僕らが自然や宇宙に対する認識を深めていく媒介物として考えられると思っています。その上で、人々に「海島」がどんなふうに理解され、認識されるかが大事だと思います。藤本さんが設計する建築は素晴らしいし、インスパイアされるものも多く、「海島」

が具体的なプロジェクトとしてヴィジュアライズされたことは大きな進展だと思うのですが、具体的にどんなイメージになって人々の頭の中で展開されていくかをきちんと考えていく必要があるでしょう。

先ほど桑村さんが「海島」に対して、たった一人で座禅を組んでいるイメージが湧いたと話していました。伊藤さんも、「海島」の上で寝転んで空や海と一体化するというイメージを話していました。そういったイマジネーションは非常に重要だと思います。

僕は、最先端の建築や都市のイメージとは、フラットで自然との境界がわからなくなる状態だと思っています。松田哲也さんが「厳島いろは」の報告で提示してくれた広島の未来像に対して敢えてアンチテーゼを言うと、あのイメージは非常に古い未来像だと思いました。つまり、中東の国がやっているような、都市の中に禍々しいビルを乱立させていくようなことは世紀末のイメージとでも言いますか、未来の都市像として最もあってはいけないとすら思っています。極端なことを言えば、高層ビルよりも平屋の方がリッチなんだという認識の方が最先端だと考えているんですよね。

自然との境界がわからないような状態、つまり橋本さんの言葉を借りれば庭でしょう。人間あるいは私、私たち、もしくはここに在る息をしてる生物と宇宙との間にあるものが庭です。宇宙から私に打ち寄せてくる波があると同時に、私という生の中から宇宙に打ち返す波もある。その波打ち際で僕らは生きている。そこで何か形を成したり、意思を成したりすることが「暮らす」ということだと思うのです。そういった形をどう捉えていくかが営みであり、僕らの社会の未来像でもある。

人間が環境を汚している、地球を破壊していると、相対的な言い方をされるように、今、人間と地球、人間と環境が相反するものとして捉えられています。でも、僕ら自身の中にも自然があり、自然の中に僕らが生きてることが現在の地球そのものでもあるわけです。地球が病気になったり回復したりを行ったり来たりしているうちに、地球全体の営みが蓄積されていくと思います。その地球と人間の営みに打つ句読点として「海島」

を考えていきたいです。

今は僕らが考えてることだけが世界の先端ではありません。日本はむしろ構想が遅れているところもあるでしょう。諸外国は海洋開発に関する新しい知見や構想を持ち始めていて、僕らが考えている「海島」もどちらかと言えば、おとなしい方だと思う。例えば、オランダの海洋研究のセッションに行けば、もっと驚くべき目を見張るようなヴィジュアルが沢山出てくるでしょう。


でも、僕らが構想した「海島」は海洋開発や未来開発を前提とした話ではなく、いわゆる瀬戸内というローカルな場や地域をつなげていくゾーンの中にどんなものを生み出せばいいのかという、割と小さな考え方から生まれたものです。だから、決して人工的に壮大な建設物を海につくるからどうやって規制を免れて実現するかということではありません。小林さんをはじめ国の方々に考えてほしいのは、そういった免れるべき規制をまずは無くしていくことを考えていただきたいです。

直径八〇メートルの島も、海の中で見ると決して大きくありません。それでも海の上につくるのであれば、規制を免れないといけない。でも規制を免れて何とか実現させるということではなく、直径八〇メートルの人工物が悠々と海の上で存在できる法律を整備してもらいたいのです。法律とは人間の未来を豊かにするためにあるものだと理想論を言うつもりはありませんが、政府の方々に僕らの想いが伝わったらいいなと思います。

まさに瀬戸内デザイン会議は稀有な会議体ではありますが、必要なものが全て入っています。そんな奇跡のような機会の中で生まれてきたものを大事にしたい。だからこそ、外に見える見え方をしっかりとイメージとしてつくらなければいけません。伊藤さんが座禅を組んでるようなイメージも良いと思います。でもそれだけでは象徴的過ぎるので、そこには何がしかの建築が水上に幾つかあって、その一つは世界中の海洋研究者が滞在できるような機能を備えた施設になるでしょう。

勿論、海の真っ只中にある施設に泊まって、そこでゆっくり時間を過ごしてみたい、仕事してみたいという人も出てくると思います。そんな人たちを受け入れていってもいいでしょう。

世界中で働き方や住まい方が変わってきています。自分が居住する意味と時間を今の時代にアジャストさせるための装置になれば、「海島」は非常に先端的なワークスフィアとしても注目されると思います。外側からの見え方が魅力的でしっかりしたストーリーであればあるほど、このプロジェクトは有効と認識され、これから待ち受ける規制もスルーしていけるのではないでしょうか。

西山　先ほど小林さんに瀬戸内フォーラムについて話を聞きました。この瀬戸内デザイン会議とは別に、もう少し開かれた会議体ができるそうです。国会議員と各県の知事の方から始まり、地元の青年会議所の人たちも参加できるような仲間づくりの場です。

二年間で「ガンツウ」ができた背景には、仲間の存在があると神原勝成さんも言っていました。短期間で大きなことをやろうとすると、本来であればそれぞれが分かち合う荷物を少し軽くしないといけません。しかし、ここにいる人たちは皆、百人力の実力の持ち主です。百人力の人たちが集まれば、荷物を軽くしなくても、早く仕事を進めることができます。「ガンツウ」は新しい船や浮かぶ人工物としてのアーキタイプでもあったけれど、百人力の人たちを集めて壮大な構想を実現させるための、仲間づくりのアーキタイプでもあったのでしょう。

チームAとしては、近い未来に大きなことを成し遂げるための仲間づくりの話を中心に海のシナリオを描いてみました。

発表｜チームB

建築祭と旅行会社

須田英太郎＋青井 茂＋大本公康＋神原秀明＋黒川周子＋白井良邦＋高橋俊宏＋長坂 常＋松田哲也＋神原勝成

プロフィールはpp.332-348参照

ラグジュアリーを分類する

須田　チームBからは、アウトプットの中でも特に事業を通して地域に価値を提供するところまで足を踏み込んでいく必要があるのではないかという話をさせてもらいます。その前に今、瀬戸内にどんな課題があるのかを共有させてください。

瀬戸内に関するトリップアドバイザーのネガティブなコメントを拾ってみました。まず、交通の便が悪いこと。実際、場所によっては混雑がひどく、タクシーやレンタサイクルといった

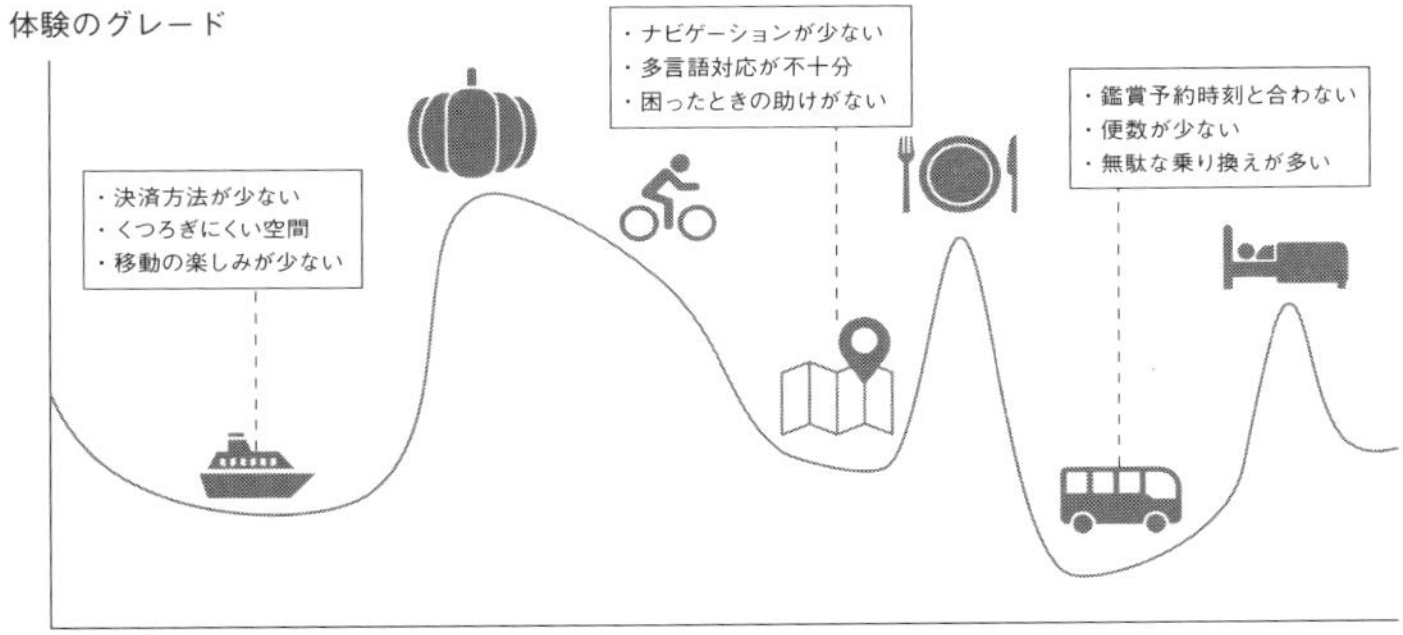

【図1：瀬戸内でラグジュアリーを推進する上での課題】

交通手段があっても台数が少なくて利用できない状況です。瀬戸内国際芸術祭や岡山芸術交流でも取り上げられた名建築やアート作品がありますが、移動手段が乏しくて訪問するのが大変。英語が通じない。食事の提供が遅い。二四時間個室ビデオなどの看板があって雰囲気が削がれるなど。これらが瀬戸内に訪れる観光客のネガティブな意見です。

お客さんの体験を図示するとこんな具合になります［図1］。目的地はアート作品や建築、自転車、飲食、ホテルなど、非常に素晴らしいものがある。一方、その目的地までの動線でマイナスの感覚を得てしまっていることが多い。例えば、くつろげる空間が少ない。移動の楽しみが少ない。ナビゲーションが少なく多言語対応ができていない。決済方法が少ない。アート鑑賞の予約時刻と交通手段が合わなくて訪れたかった施設に辿り着けなかったり、乗り換えが多くて大変だったり……。食やアート、宿といった体験の極大点では観光客に価値を提供できているけれど、その前後でどうしても負の評価を受けてしまう。こういった現状があります。

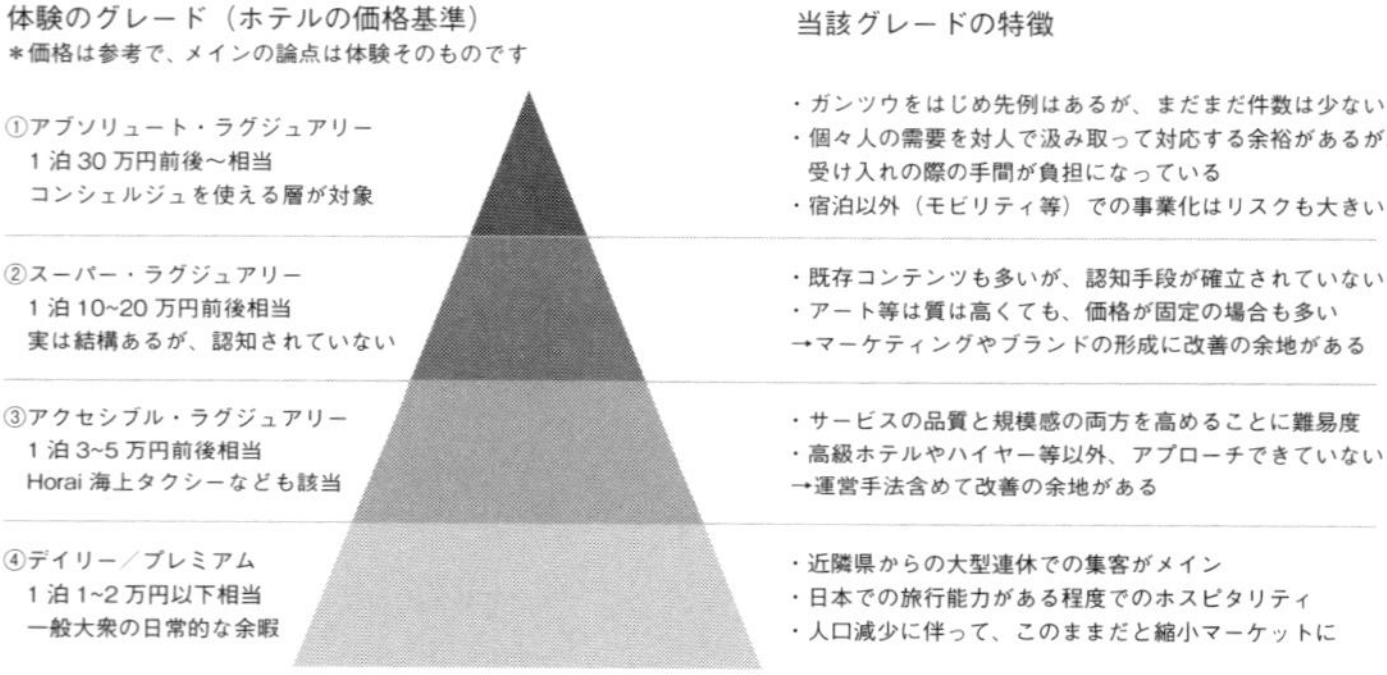
体験のグレード（ホテルの価格基準）
＊価格は参考で、メインの論点は体験そのものです
当該グレードの特徴
①アブソリュート・ラグジュアリー
1泊30万円前後～相当
コンシェルジュを使える層が対象
・ガンツウをはじめ先例はあるが、まだまだ件数は少ない
・個々人の需要を対人で汲み取って対応する余裕があるが、受け入れの際の手間が負担になっている
・宿泊以外（モビリティ等）での事業化はリスクも大きい
②スーパー・ラグジュアリー
1泊10~20万円前後相当
実は結構あるが、認知されていない
・既存コンテンツも多いが、認知手段が確立されていない
・アート等は質は高くても、価格が固定の場合も多い
→マーケティングやブランドの形成に改善の余地がある
③アクセシブル・ラグジュアリー
1泊3~5万円前後相当
Horai海上タクシーなども該当
・サービスの品質と規模感の両方を高めることに難易度
・高級ホテルやハイヤー等以外、アプローチできていない
→運営手法含めて改善の余地がある
④デイリー／プレミアム
1泊1~2万円以下相当
一般大衆の日常的な余暇
・近隣県からの大型連休での集客がメイン
・日本での旅行能力がある程度でのホスピタリティ
・人口減少に伴って、このままだと縮小マーケットに

【図2：ラグジュアリーの各階層の特徴】

また、よく瀬戸内デザイン会議ではラグジュアリーやハイエンドという言葉が出てきますが、ラグジュアリーやハイエンドにも幾つかの層があります。混同せずに分類して話した方が、芯を食った価値提供ができるはずです。そこで、体験のグレード別に四つに分類してみました［図2］。

トップにいるのがアブソリュート・ラグジュアリーと呼ばれる人たちです。滞在するホテルの価格で言うと一泊三〇万円程度やそれ以上。コンシェルジュなどを使って旅をするような人たちです。次がスーパー・ラグジュアリー層、一泊一〇～二〇万円前後相当のホテルに泊まる人たちです。瀬戸内にはこの層の方々が満足するホテルは限られていますが、彼らに刺さりうる瀬戸内ならではの体験はまだ沢山あるように思います。これらの層を満足させられる案内や受け入れの態勢を整えられていなかったり、価格設定が安過ぎて敬遠される事態が起きてしまっています。このように体験及びラグジュアリー層に関しても、きちんと階層を分けて考えていく必要があるでしょう。

その上で、チームBから共有させていただくものとして、事業のアウトプットを二つ用意しました。一つ目は知的好奇心を持って瀬戸内を訪れる方々全てに、建築を切り口とした瀬戸内の多層的な楽しみ方を提供する企画。もう一つは最もハイエンドなアブソリュート・ラグジュアリー層の旅行の課題を解決するコンシェルジュサービスです。

ルートをつくり、文化をつなげる

須田　まずは一つ目の事業。セッション1でも話が出ていました「せとうち建築トリエンナーレ」についてです。

白井　二〇二五年は既に二年後に迫っている状況なので、「ガンツウ」でさえ二年でできたのですから、広島で行う建築展も二年で実現させたいと思っています。

大切なことは、継続してこのイベントを開催していくことです。瀬戸内国際芸術祭も岡山芸術交流も、定期的に開催していくことで地域の認知度を獲得していきました。また、私が考えている建築展はアーキツーリズムを根底にしたもので、瀬戸内にある様々な建築をネットワークでつなぎ、そこを国内外からの人が見て回り、その地域に滞在してもらうことが狙いの一つでもあります。今回の瀬戸内デザイン会議では、アマルフィーやヴェネツィアの話が随所で出ました。世界を見てみると、その地域に世界中から人が来て長期間滞在するような場所がありますが、この瀬戸内もそういった場所にしていきたいと考えています。

だからこそ、この建築展を継続させていく必要があります。現在行われてる瀬戸内国際芸術祭や岡山芸術交流という、香川から岡山に広がってきた弧を更に伸ばし、倉敷、福山、尾道、そして広島市内まで拡げていく。最終的には山口や愛媛の方に回って、瀬戸内にある特殊な文化圏をグルッと一つのネットワークでつなぐことが、「せとうち建築トリエンナーレ」の今のヴィジョンです。

この建築トリエンナーレは新しい建築ばかりにフォーカスを当てるだけではなく重層的なものです。原研哉さんがイントロダクションでパリンプセストの話をしていましたが、瀬戸内にある積層された建築の歴史を炙り出したいと考え、古い建築にもスポットを当てたいと考えています。例えば、瀬戸内で国宝に指定されている建造物を見てみると、広島県だけでも九件登録されています。そのうち三件は宮島に、一件は広島市内で、残りはどこにあるかというと、福山市と尾道市です。

それから国宝には指定されていないけれど、鞆の浦の街並みや、西条の酒蔵がある街並み、竹原の街並みなど、こういったものも全てネットワークでつなぎ、瀬戸内に長期間滞在しながら色々な場所をスムーズに廻れるようにしたいです。つまり、「せとうち建築トリエンナーレ」は単に建築展をやりたいという話ではなく、もっと大きな視点で建築や芸術の文化、そこに付随する食文化などもつなげていくことを目的としています。

長坂　一般的に観光名所があるエリアは道が整備されていて、その周りも街として栄えている場合が多いですが、わざわざ見に行くような名建築は、住宅なら当たり前のように住宅街の中にあるし、教会なら森や山の中などあまり観光と結び付いてない場所に唐突にあります。例えばヨーロッパに行って、長い時間かけて鈍行の電車で向かい、都市から離れてようやく辿り着く非日常とでも言いましょうか。普通は海外に行っても、当たり前の観光スポットにしか行かないのだけれど、建築を求めるが故に、あまり体験しないものや風景に巡り合えることが、建築の旅のおもしろいところだと思います。

そんなわざわざ見に行くような建築を地図にプロットしていくと、瀬戸内には山のようにあります。普段は見られない建物が「せとうち建築トリエンナーレ」の期間中のみ開放されているなど、新しい建築をつくらずに既存の建築だけでも十分おもしろくなるでしょうね。

それらを結び付けてルートをつくってあげる。すると「せとうち建築トリエンナーレ」が終わっても、そのルートマップさえ持っていれば建築観光ができるようになるでしょう。また、トリエンナーレの開催中に交通の面で問題や課題が見つかれば、後にどう改善すればいいかも地域と一緒に考えることができるから、意外と「せとうち建築トリエンナーレ」をきっかけに街が変わっていくこともあり得るような気がしています。

旅行会社をつくりませんか

須田　チームBで検討していたことのもう一つは、VVIP［＊1］受け入れを代行する旅行会社です。瀬戸内デザイン会議の皆さんの話を聞いていると、国内外含めて様々なVIPの方々の受け入れをそれぞれ別個にやっていることがわかりました。そこに横串を通すような形で一つの会社に代行してもらうような仕組みをつくれば、皆さんの手間も和らぐだろうということで提案させていただきます。

青井　まずは瀬戸内デザイン会議の事務局に伺いたいのです

1——Very Very Important Personの略称。国家元首、王族、大企業のCEOなど、VIPの中でも最も重要な人物のこと。

が、今回のチーム編成はどんな意図で組まれたのでしょうか？ やたら偏りがあるというか、何らかの恣意性を感じてしまうのですが、チームBには漫画『キングダム』（作：原泰久、集英社）の大将軍クラスが揃っているんですよね（笑）。何の大将軍かと言えば、お酒の席の大将軍になってしまうのですが、言い換えれば、仲間を迎え入れてホスピタリティーでもてなす力が著しく高いメンバーです。この側面は、チームAにもチームCにもない私たちの強みだと思っています。

その意味で、いつもラグジュアリーな空間や体験などについて議論しているけれど、本質的には相手の立場に立って何が欲しいのか、どうすればいいかという議論をしなければいけません。良い部屋があるかどうか、高級な料理を食べられるかどうかは私の中では上質でも何でもなく、もっと高い次元と言うと語弊がありますが、知的好奇心を満たすことが上質だと思うのです。その意味でも、この大将軍たちは上質なものを沢山知っているし、その嗅覚が研ぎ澄まされている人たちです。

ラグジュアリーとは一体何なのかについては永遠に答えが出

ないと思いますし、その言葉の定義もできていないけれど、今ここにいる皆さんとの共通認識は揃ってきていると思っています。ラグジュアリーなものをサービスとしてきちんとお金に換えられてないという点は、日本の観光産業が抱えている課題です。製造大国の日本では良いものを安く提供しているし、おもてなしという名でサービスを無料で提供するといった部分もあって、訪日外国人が増えていたり日本がもてはやされているのですが、きちんとその対価を頂けていないと思います。それゆえにエコシステムの中で続いていかない現状があると認識しています。そこで、ここにいるメンバーで旅行会社をつくってみたらどうかと考えました。

神原勝成さんは「三カ月以内に会社をつくれ」と言っていますが、絶対ではありませんが皆さんに五〇〇〜一〇〇〇万円ぐらいずつ出資いただき、これから一年以内に会社をつくりたいと思っています。そこでは瀬戸内デザイン会議のメンバーが持っているネットワークや知的財産を棚卸ししてもらい、皆さんの大事なお客様が来られた時にそれを活用して、特別且つ上質な体験を提供します。

では、この会社で出た配当や利益をどうすればいいか。勝成さんと石川康晴さんに相談してみました。今までの資本主義であれば、投資したものに対して必ずお金で返すことが従来のやり方でした。しかしそうではなく、未来につなげるための投資をしようと。現時点で利益配当は要らないよねと。むしろその利益を使って次のラグジュアリー、次の瀬戸内デザイン会議に出るような若者が育っていくような仕組みや仕掛けをつくることがこの会社の役割です。ポスト資本主義なんて話も出ていましたけど、そういった座組みをつくっていくことも私たちの役目だと考えています。

高橋　僕自身、『ディスカバー・ジャパン』をつくって一五年経ちます。これまで取材した市町村は一〇〇〇を超えていて、コンテンツも六万件近くあります。最近になって、いわゆるアブソリュート・ラグジュアリーに相当する方たちが日本のよりディープな場所に行ってみたい、ツアーみたいな形ができないかという相談がポツポツ増えてきています。青井さんの言葉を借りると、瀬戸内で言えば、大将軍の方々のネットワークでしか行けない場所、知らない場所、貸し切れる場所があるかもしれません。そういった場所をその旅行会社で共有し、ツアーにしてしまうのはおもしろそうだと思いました。

例えば建築についても、まだまだ見える化されていない部分があるので、見える化して再編集していく。ツアーで言えば、訪れる場所をどのように回っていくかが再編集に当たると思います。回り方や順番などをしっかり整備した上で情報発信していく。発信をきちんとしないと、そのような情報を求めているアブソリュート・ラグジュアリー層に届きませんからね。

御立尚資さんが、瀬戸内の魚がおいしい理由が地形にあるなど、そういった歴史的文脈を掘り下げた方がいいと話されていましたよね。僕もまさにその通りだと思っています。食や建築も含めたコンテンツについて、なぜそれができたのかを掘り下げていくべきです。僕らもそういった地域に根差した本をつくる時は、大体三万年ぐらい前まで遡ります。地形変動は勿論、人が生まれてからの歴史、その土地で営まれている暮らしの歴史など、それらをしっかり読み込んで新たにコンテンツとして再編集し、情報発信していく。

梅原さんの言う通り、観光はその土地の暮らしを垣間見させてもらうことだと思います。そして、そういったことに本質的に興味がある人たちが富裕層の方々に多い。彼らに向けた情報をつくり、それを多言語化すれば、彼らの知的好奇心をくすぐることはできると思います。

松田哲　発表の前に少し言い訳をさせてください。原さん、私は別に広島をドバイやドーハ、カタールのような街にしようとは全く思っていませんよ（笑）。単純に国力の問題とグランドデザインということに対して言うと、日本社会は今、若干リーダーシップが足りずに方向性を見失っているのではないかと言いたかったのです。広島の場合、素晴らしい建築は沢山ありますけれど、街並み自体はあまり美しくありません。そこがつながっていないと思っていて、私らチームBはその間を埋めるようなものを考えることができればと思っています。

今回の発表は、私自身もどうやって自分に消化させようかなと思っていたのですけれど、実際に原さんが前々回のフェリー篇で話されていたことが頭の中にずっと響いています。それは「建物とはオーナーの思考を超えたものにはならない」、つまりオーナーの器を超えたものにはならないということ。「厳島いろは」は確実に迷走していて、結果的にお金がそれを表してるようなところもあります。一方で、やはりトライ&エラーで失敗を繰り返しながら成長していくことも大事だと思うのです。

その意味で、先ほどチームAが発表された仲間づくりを基本として、「海島」が実現に向かっていく過程の中に、チームBが提案している「せとうち建築トリエンナーレ」や旅行会社があると思っています。二〇二五年に開催される「せとうち建築トリエンナーレ」に向けて、皆さん自らが投資したりお金を集めながらソフトの実験を積み上げていってもいいでしょう。例えば私なら、元々は交通系ですから、目的地となる建築をつなぐ自転車やハイヤー、ヘリコプターなども含め、移動ツールの事業を立ち上げて貢献していってもいいかもしれません。

野武士はすぐに実践する

須田　神原秀明さんも一言、コメントをお願いできますか？

神原秀　皆さんはもうお気付きでしょうけれど、私、お酒が入っていない時は全く喋ることができません。隣で真面目にメモを取って喋っている松田哲也さんの姿を見て、大将軍はやはりすごいなと。

　私は本業がホテル事業なのでそこに絡めて言うと、福山をセンターとして瀬戸内を西と東で分け、それぞれのエリアでホテル事業をやり、建築やアートなども含めて、瀬戸内をつなげていけないだろうか、あるいはその二拠点を「ガンツウ」で旅をするといった構想を考えていた時期もありました。それを昨日ふと思い出した時に、岡山と広島の両松田さんから「こんな土地があるよ」と話を頂き、急にまた盛り上がってしまい飲み過ぎてしまいました（笑）。昨夜は皆さんにご迷惑をおかけいたしましたが、私は自分ができることを一つ一つ積み上げていきながら、「せとうち建築トリエンナーレ」にもお役に立ちたいと考えています。次回もまた、お酒の席で構想を語らせてください。

大本　ＶＩＰのお客様が世界から来られた時、はたしてどうやって彼らを感動させられるか、彼らに圧倒的なサービスができるのかが、私のお題だろうと思います。

私もこの地に生まれたものですから、小学校の時から草戸千軒町遺跡は知っていました。小学校の時の遠足も草戸千軒町遺跡で、嫌で嫌で仕方ありませんでした。何もなかったからです。でも橋本麻里さんのレクチャーを聞き、この歳になって草戸千軒町遺跡にはこんな意味があったのかと色々と勉強になりました。この先、もっともっと瀬戸内を深掘りして向き合っていかないと、最終的なサービスの答えが出てこないという宿題を頂いたような気がしています。本当にありがとうございました。

神原 勝　ゲストスピーカーとして参加してくれた堀部安嗣さんはこの発表の会には出席できないということでしたので、昨夜の夕食時に瀬戸内デザイン会議の感想を聞いてみました。簡単に言うと、「今回の会議はハードをメインとした議論が多いですね。ハードやデザインが大事なのはわかるけれど、やっぱりソフトだと思います。〈ガンツウ〉が成功しているのは、私の建築のおかげではなく、やはりホスピタリティーやサービスがお客さんに刺さっているのではないでしょうか」と。そういった視点を忘れているわけではありませんが、「海島」構想についてももう少しそういったホスピタリティーやサービスの部分を深掘りして議論していく必要があると改めて思いました。

私たちチームBの発表は、「海島」とは逸れた内容になっているかと思います。さきほど青井さんも指摘したように、チームAのような知的頭脳集団ではなく、私たちは野武士集団です(笑)。頭は少し弱いけれど、すぐに物事を実践するような人たちの集まりです。

冗談ではなく、瀬戸内デザイン会議ももう四回目になりますので、具体的に何かしら実践に移したいとずっと思っていました。セッション1で私のスピーチにもあった「せとうち建築トリエンナーレ」もその一つですが、青井さんが先ほど話していた旅行会社もどうでしょうか。

瀬戸内デザイン会議のメンバーの話を聞いていると、コロナ禍も落ち着いたこともあり、知り合いの海外の富裕層の方々から日本へ家族で旅行したい、仕事のついでに観光したいと問い合わせが結構あるそうです。私自身にもそういった問い合わせが来ています。そういった時に、私たち自身が宿を決めたりスケジュールを組むより、コンシェルジュのような機能の旅行会社に丸投げし、全てをコーディネートしてもらえるといいなと思いました。

ホテルやレストランだけではなく、私たちが持っている人脈やネットワークを活用すれば、普通はできないような体験ができたり、普通は会えない人に会えるといったこともできるでしょう。そんな意味でも、私たちが持ってる人脈やネットワークを棚卸しできないかと考えました。他にも、『ディスカバー・

ジャパン』をつくっている高橋さんが日本全国のディープな場所を色々と知っていますので、高橋さん経由でそういった一般的な観光では訪れない日本の地域を案内してもいいと思います。つまり、一般的な海外のＶＩＰの方々をおもてなしする旅行会社ではなく、この瀬戸内デザイン会議のメンバーの知り合いであるＶＩＰの方々に限定したコーディネート及びコンシェルジュ機能を持った旅行会社があったら便利だろうと思いました。

チームＢからは二つ提案させてもらいましたが、すぐにでも実践に移していきますので、皆さんからも引き続き色々とアドバイスを頂ければと思っています。

発表一チームC

多層性を探り、紡いでいく旅

小島レイリ＋青木 優＋大原あかね＋岡 雄大＋福武英明＋藤本壮介＋松田敏之＋御立尚資＋石川康晴

プロフィールはpp.332-348参照

ローカルとしての姿勢とは

小島　松田敏之さんから大地理学者のフェルディナント・フォン・リヒトホーフェン［＊1］が一八六〇年に瀬戸内について語っていると教えてもらいました。

広域にわたるこれ以上の優美な景色は、世界の何処にもないであろう。将来この地方は、世界中で最も魅力のある場所の一つとして有名となり、多くの人々を引き寄せるであろう。ここには至るところに生命の躍動があり、幸福と繁栄の象徴が見られる。……中略……この地域にはすでにパラダイスが実現している。かくも長い間保たれてきた状態が、なお何時までも続くように祈る。その最大の敵は、文明と新たな欲望の出現である。……中略……この島々が、色々な点でよく似たギリシャ諸島よりも良い運命に恵まれるよう祈ってやまぬ。こうした美しさは見飽きることがなかった。新しい発見が絶えず私を驚嘆させた。

『支那旅行日記 上巻』(慶應書房、一九四三年)より

当時、リヒトホーフェンは二七歳だったそうです。そんな若い地理学者が瀬戸内の素晴らしさを地質学的に、そして風景とい

1――近代地形学の父と称される、ドイツの地理学者。中国の研究を通じ、シルクロードの定義を定めた。一八六〇年にプロイセンから東アジアへ向かったオイレンブルク使節団に随行した際、日本に訪れている。

【図1：松田哲也氏の報告プレゼンテーションに×をつけるチームC】

う視点で語っています。橋本麻里さんのオリエンテーションでもあった通り、尾道は昔から住民が自治してきた都市です。追い打ちをかけるようですけれど、先ほど松田哲也さんからカタールのドーハのような未来的な都市を目指すといった話がありましたが、そもそもそんなことをやりたいとは誰も思っていないはずです〔図1〕。リヒトホーフェンも「最大の敵は、文明と新たな欲望の出現である」と言っているように、新たな欲望を出し過ぎると瀬戸内ではなくなると。欲望にまみれた未来都市にすることは誰も求めていないという共通認識が、瀬戸内デザイン会議のメンバーの中に大前提としてあると思いました。

岡　チームCが主張したいキーワードは多層性です。そもそも瀬戸内デザイン会議が瀬戸内のツーリズムを牽引するのであれば、ローカル性を出していく中で「瀬戸内のツーリズムとは多層性を探って紡いでいく旅である」と定義し、今後も議論を重ねていけるといいと思っています。

ツーリズムという言葉の解釈は様々で、先人たちが築いてきたものを発表し、グローバルなマーケットに消費してもらうことがツーリズムと捉えられがちです。地形があって、地層があって、土壌があって、そこから滲み出るミネラルが海に出て、魚の栄養となって、また雲になり、雨が降り……という循環が繰り返される中で、人類は文化を築き、文明が生まれてきました。だから私たちは、先人たちが築いてきたものを長い時間遡って、そのコンテクストを理解していく必要があると思います。そして今生きている私たちは、具体的にどんなプロセスに落とし込んだら、地域にある暮らしや文化を次の一〇〇年に紡いでいけるのかまで考えていかなければいけません。ローカルの人々の生活が豊かになっていくように光を当てることが観光といった話が、セッション2で梅原真さんからありました。むしろ、そういったことこそが今後のツーリズムを担うと解釈できるのではないでしょうか。

それを踏まえた上でチームCから提案する二つのトピックが、建築と「海島」です。多層性を探る、紡ぐという役割をその二つの要素に載せてみると、建築は多層性を探るプロセスそのものであり、「海島」は多層性を紡いでいく装置になる可能性があると考えています。言い換えれば、私たちは世界の英知を集めるのではなく、地球の先人たちの英知を学び紡いでいく姿勢を徹底していこうということです。つまり、経済的指標の高級であったり、経済的資本が豊かである人たちを富裕層と呼び、そのピラミッドのトップの一%あるいは〇・一%を相手にしていく地域が瀬戸内というわけでは必ずしもないと思っています。

知的富裕層という言葉が出ましたが、高感度であるから金銭的に豊かになったり、金銭的に豊かだから高感度になるということもあると思います。しかし、街を発見したりつくっていく人たちは、必ずしも経済的に豊かで且つ高感度な人たちだけではなく、実は低所得高感度の人たちも街を見出してつくっています。例えばニューヨークのアーティストが五番街ではなくソーホーをつくって、ブルックリンを見出していきました。スノーボーダーがニセコを、サーファーがグレートバリアリーフを見出すなど、必ずしも高所得ではない高感度の人々が見出してきた街は、自然と文化と経済資本が良い具合にバランスした地域になっていると思います。今後の瀬戸内は地域としてそこを大事にしていくべきだと思います。

御立　今回の会議を経て自分が抱いていた違和感が減りました。私は元々バンドマンで就職も中々できなかった人間です。若い頃は、航空会社に拾ってもらい、空港で車椅子を押し、荷物を降ろしていました。その後は飛行機の中で肉を焼いたり、カクテルをつくってＣＡとしてサービスも経験しました。だから正直に言うと、瀬戸内デザイン会議でラグジュアリーや富裕層といった内容を扱う時、心の中に違和感が生じていました。現場の感覚がないコンセプト、地域の生活の匂いがしないアイデアを語ってどうするのだろうかとずっと思っていたのです。

以前、構造改革徹底推進会合という政府の会議メンバーになり、観光と文化、地域経済の領域でリーダーを務めていました。気付かされたのは、その会議に出ておもしろい提案をする人は皆、自分の地域が好きで仕方がない、ということなんですよね。そういう視点で観光やツーリズムをやっている人たちの話からは持続する地域という匂いがする。

地域の生活に興味がある人たち、魅力を見出す人たちに来てほしいという話がありましたよね。岡さんが話した通り、そういったセンスを持つ人々は必ずしも富裕層というわけではありません。だからチームBの発表にあったような所得のピラミッドなんて横に倒して考えればいい（二八〇頁参照）。

彼らが地域を見出せば、自ずとそこで暮らす人々の生活の質は上がり、住んでいる人々が自分たちの土地にプライドを持つはずです。すると住民たちだけでなく、私たちみたいな東京や京都に拠点がありながらも、時間を使って他の地域にコミットする人も増えてくると思う。こういった時代なので、ノマドみたいに三カ月や半年間、瀬戸内に住んでコミットする人が増えてこないと、地域復興が続いていくことになりませんから。

多層性を積み重ねる建築展

藤本　建築とはまさに多様性を積み重ねていける稀有なメ

ディアと言えるでしょう。建築は土地に根差さざるを得ないので、その土地が持っている数万年前からの歴史と現在の人間の暮らしが必然的につながっていくからです。

僕は「せとうち建築トリエンナーレ」が世界的にも稀有な建築展覧会になりそうだと思っています。セッション1で白井良邦さんからヴェネチア・ビエンナーレについて解説がありました。ヴェネチア・ビエンナーレは常設のパビリオンや会場があって、その中で展示をして、期間が終わるとサラになり、二年後に次の展示がやってきます。毎回入れ替わるからこそ人が来るという面もあるのですが、蓄積はしていきません。

瀬戸内の多層性を探るプロセスとして「せとうち建築トリエンナーレ」を考えていくと、例えばある街でパビリオンを幾つかつくって終わりではなく、その街の暮らしの中に小さくてもいいからお店や公民館など、新しい建築を二、三軒つくってしまう。するとそこに地域の人々の暮らしが生まれるし、トリエンナーレに来た観光客の人たちもその建築も見つつ暮らしも見ることができます。次の三年後にも、また二、三軒つくる。当然、新しくできた建築も見れるのですが、前回できた建築がどう街の暮らしや風景を少しずつ変えているのかも見れるわけです。それらの建築にインスパイアされて、トリエンナーレと関係なくその周辺にお店やホテルができてくるでしょう。「せとうち建築トリエンナーレ」をきっかけに街がどんどん動いていき、地元の人々の生活にも刺激があるはずです。

建築そのもの自体にも価値があるけれど、街が三年ごとに少しずつ変わっていく様子を来るたびに実感できるようなトリエンナーレは、これからの時代にすごく合っているような気がします。そんな建築展はまさに多層性の積み重ねと言えるでしょう。新しくつくる建築は、若手建築家でも外国人建築家の設計でもいいと思います。それらが街にとっての良い意味で異物になり、それによって街の生活が変わっていく。そして建築展を介して、世界中がこの地域の成長を見守り続ける。

一〇回開催すると三〇年経つわけですよね。三〇年通っていた人はおそらく、一緒に街を変えていったような当事者意識が生まれてくると思います。当然、そういった恒久的に残る建物に加えて、パビリオンのようなテンポラリーな建物も入れながら、全体の賑わいをつくっていく必要があるでしょう。スクラップアンドビルドではなく蓄積していくことがベースにあり、多層性を徐々につくりながら、それらが紡がれていく。それによって観光客のその地域に対する理解も深まっていくし、地元の人にも自分たちの地域への理解も深まっていくでしょう。

これはあくまで一つの提案に過ぎませんが、そういったかつてないリアルな建築展があるとおもしろいと思いました。僕としては「せとうち建築トリエンナーレ」、あるいはその先にある瀬戸内のツーリズムも全力で応援したいし、当事者の建築家として関わっていければと思っています。

「海島」については石川康晴さんにバトンタッチしますけれど、建築的に一言だけ。「海島」はなかなか不思議な存在ですよね。土地に根差していないため、普段の建築設計と違い、「場所の歴史をこのように解釈して更にそこに新しいアイデアを載せてつくりました」と言いづらいものです。

ではどういったものなのかと考えた時、まさに角南篤さんが言及されていた通り、逆に動くことによって瀬戸内全体をつないでいくものになるわけです。尾道や福山といった固有の土地ではなく、瀬戸内全体が持っている多層性を拾い集めてこれる、あるいは紡いでいける装置になり得るでしょう。

配役発表

石川　「海島」は海洋研究所とローカルの二つが柱になると思っています。まずは壮大な資金計画が必要になりますので、松田敏之さん、西山浩平さん、神義一さんにお願いしたいです。

　角南篤さんにおいては、研究所が「海島」の柱になりますので、笹川平和財団の全てのリソースを送り込んでいただければと思っています。

　地勢学や地理学をベースにした食については桑村祐子さん。アカデミックな面で瀬戸内をより深掘りしていくのは橋本麻里さん。食とアカデミックの両面で万能な御立尚資さんにはお二人のサポートをお願いしたいです。

大原あかねさんと福武英明さん、僕は「海島」のアートギャラリーの運営を担います。一人のキュレーターに大原芸術財団、福武財団、石川文化振興財団の作品から選んでもらうといった、財団の垣根を越えた展示を考えています。

「海島」のホテルの調達から運営までは岡雄大さんにお願いしたいです。伊藤東凌さん、是非とも「海島」の上で座禅や臥禅ができる体験を組みましょう。神原勝成さんが東凌さんの座禅堂をお金を出してつくってくれるそうで、神勝寺［＊2］がプロデュースしてくれることになっています（笑）。

2――一九六五年に創建された臨済宗建仁寺派の特例地寺院。海難事故で亡くなった人々の慰霊のため、常石造船二代目社長で益州宗進禅師（臨済宗建仁寺派第七代管長）に深く帰依された開基神原秀夫（神原勝成の祖父）が、禅師を開山に招請して建立された。約七万坪の敷地内には中根史郎と中根行宏によって作庭された「賞心庭」をはじめ、築三七〇年の「含空院」、中村昌生によって復元された千利休の茶室「一来亭」、藤森照信設計の「松堂（寺務所）」、名和晃平設計の「洸庭」などが点在している。神勝寺は、常石造船創業者である神原勝太郎の名前に由来している。

原研哉さんはアートディレクターとして、「海島」に関わる様々なものを壮大にデザインしていってください。建築設計は「海島」のアイデアを発案した藤本壮介さんにお願いします。また、「海島」に併せて瀬戸内横町みたいな場所があってもいいと思うので、そこは梅原真さんと長坂常さんにお願いしたいです。

世界中から人を呼んでくるデジタルマーケティングを青木優さんに、そしてテクノロジー面を須田英太郎さんにサポートいただきたい。高橋俊宏さんと白井良邦さんにはメディアを通して「海島」を発信し、瀬戸内に人を呼んでもらう。青井茂さんは旅行会社を立ち上げ、世界中から知的好奇心が高い人を連れてきてくれる。神原秀明さんは瀬戸内エリアでホテル事業をまた新たにつくり、大本公康さんもサービス面を極めてくれると言っています。

瀬戸内だけではなく、全国の漁連を何とかポジティブにしていく仕組みなど、政府と共に色々な調整を行う交渉役は、外務省出身の小島レイリさんです。

そして松田哲也さん。人柄ゆえに皆さんは彼をついついイジっていますけれど、哲也さんはロジカルが立った優秀な経営者です。松田敏之と松田哲也という二強で広島の政財界を抑えていただければと思っています。

このような感じで皆さんが主体性を持ち、そして担当責任者として、「海島」をやり切っていただきたいと思っています。

御立　今までずっとわからなかったのですが、原さんが「これは瀬戸内観光会議ではなく、瀬戸内デザイン会議だ」と言われた理由がやっとわかった気がします。地域をデザインする時にツーリズムという切り口を使おうということなのでしょう。そして、この会議も「海島」と「せとうち建築トリエンナーレ」、ＶＶＩＰウェルカムな旅行会社などの具体的な構想が生まれ、ようやくその段階にきました。夜の飲み会だけではなく、昼の議論の質も上がってきたので、私も含めて全員で次に向かってコミットしていけたらと思っています。

総括

次のシナリオへ

原 研哉＋神原勝成＋石川康晴＋御立尚資＋角南 篤＋小林史明＋福武英明＋大原あかね＋岡 雄大

総括

次のシナリオへ

原 研哉＋神原勝成＋石川康晴＋御立尚資＋角南 篤＋
小林史明＋福武英明大原あかね＋岡 雄大

プロフィールはpp.332-348参照

ネガティブな遺物との対峙

御立　今年の瀬戸内デザイン会議では自分自身の課題を持ってきました。それは桑村祐子さんに倣って、建設的な毒の吐き方を覚えようということです。この総括でトライしてみたいと思います。

まず良いことから始めると、やはり「海島」、「せとうち建築トリエンナーレ」、ＶＶＩＰウェルカムの旅行会社など、具体的な構想がやっと出てきましたよね。それも原研哉さんや松田敏之さんがしつこくやって形が見えてきた「海島」や、神原勝成さんが言い出した「せとうち建築トリエンナーレ」

など、色々な意味で具体的な活動が始まる感じがあってすごく良かったなと思います。

二つ目に良かったことは、仲間感が醸成されてきたので色々なことを言い合えるようになりました。チームCの発表であった石川康晴さんの無茶振りを見ていても、その人の肩書きとは関係なく、性格と仕事の仕方を見て振っている。さすが経営者だなと石川さんに感心しましたが、それぐらい仲良くなって色々と言える関係ができてきたとも言えます。これが起爆剤になることでしょう。

その上であえてこれからのチャレンジを二つ提示したいと思います。一つ目は会議の質の向上です。正直に言うと、建築家の方々は藤本壮介さんと長坂常さんといった、世界的に見ても超一流の人が瀬戸内デザイン会議に仲間入りしてくれました。そのため、他の参加者である私たちもそれに見合うレベルの付加価値をつけなければいけないと思うのです。仲間なのでついつい甘えてしまうのだけれど、どうやってこのレベルの人たちと一緒にやって良いものをつくるかに真剣に向き合う必要があるでしょう。

この会議の質をより上げるために、会議自体もフォーラムの形がいいのか違う形がいいのか、あるいは登壇の仕方がいいのかなど、どうやればクオリティを超一流にできるのかを考え、変革するタイミングに来ていると思います。特に思ったのは、これだけおもしろい人たちが集まっているのだから、登壇者と聴衆者という関係ではなく、途中途中でやりとりができるようなフォーマットの会議にしたいですね。そうでなければ、もっと多くの人を巻き込んでやるイベント型の会議にした方がいいのではと思います。

二つ目です。瀬戸内は高度経済成長期の勝ち組です。工業化時代に大量のコンビナートと工場が建ち、海運も使えたり交通の要所にもなり、教育レベルも高かったりなど、様々な要因で勝ち組になりました。瀬戸内はそういった仕事と生活する環境だけでなく景観も素晴らしかったため、工業に携わる労働者やその周りのサービス業でそこそこ以上に豊かに暮らせる人たちが沢山生まれた。日本海側の一部の地域の方からすると羨ましい話だったと思います。

しかし高度経済成長期が終わり、温暖化ガス削減が謳われるグリーン化時代に入ると、それまで活躍していた工業地帯が全て負の遺産になってしまいます。例えば、日本に今ある七つの高炉のうち、どう考えても多くて二つしか残らないと言われています。下手したらゼロになる。水素製鉄のコストが見合うようになって普及し始めるのは、おそらくは二〇四〇年代だそうです。その時に高炉をどうするのでしょうか。

コンビナートも同様です。コンビナートは石油化学コンビナートと言いますよね。要は石油ベースの二〇世紀型工業集積地なんです。コンビナートは日本中に大規模なものが一三箇所くらいありますが、石油依存を減らしていった時にどう考えても二つぐらいしか必要なくなります。土壌汚染もあり、何もしなければお荷物化した廃墟になってしまう。

今まで私たちが豊かな生活を紡ぐ源泉であった瀬戸内の工業とコンビナートが、負の遺産になってしまった。瀬戸内海には産業廃棄物の捨て場となった島も沢山あり、それらを横につなぐ航路をつくればつくるほど、目につくようになる。コンビナートが廃墟化すれば、同じことになります。この負の遺産をどうするかを、「海島」の海洋研究所、あるいは角南篤さんの笹川平和財団などを中核にして、私たち皆が考えていく必要があります。

三〇~五〇年後の次の世代の人たちに「ああいったことを瀬戸内デザイン会議でやり始めてくれてよかったよな」と言われたければ、ネガティブな面に目をつむってツーリズムブームを謳歌しているだけではダメだと考えます。どこかで瀬戸内が抱える環境問題に対して仕掛けていかないと、三〇年後には素晴らしい瀬戸内がなくなってしまうかもしれません。

石川　御立さんが提示するコンビナートの問題について、角南さんはどのように捉えられていますか。瀬戸内にはコンビナートが沢山ありますし、研究所とコンビナートは非常に重要な関係だと思います。「海島」をつくる以上、私たちはコンビナートが廃墟化してしまう問題を乗り越えていかなければいけません。

角南　私が現在関わってるのが、呉の港にあるアルミの大きな工場です。この工場を停止してこれから何年、何十億円をかけて元に戻そうとしています。このプロジェクトについて呉市長と協議しているのですが、実はこの後にどう使っていくのかすらも何も決まっていません。工場の横には護衛艦が並んだ海上自衛隊の基地があり、更に隣には大和ミュージアム（呉市海事歴史科学館）があるのですが、ミュージアムでは潜水艦を陸にあげて屋外展示しています。このコンセプトは一体どうなんだろうと……。私たちの親やその上の代にとって呉は日本のプライドですよね。でも、これが本当にこれからの未来に影しか落とさないような負の遺産になる。私たちの財団は造船ともずっと深い関係があるため、これらの問題は研究テーマにもなっています。また機会があれば、このケースも含めて、どんな状況にあるのかを詳しくお話しできればと思っています。

石川　小林史明さんはどうですか。コンビナートの未来も含め、瀬戸内がどう変わっていくのでしょうか。

小林　御立さんや角南さんの話は他人事ではないと認識しています。一方で、私のスピーチでも触れましたが、JFEスチールはこの一〇年で一兆円をグリーントランスフォーメーションに投資する予定です。つまり彼らがその規模の仕事を調達することになるため、グリーン関係の圧倒的な量の仕事が瀬戸内にやってくる。その意味では、瀬戸内にとってビジネスチャンスと捉えることもできるでしょう。

瀬戸内海は閉じているので環境の変化もすぐに出ます。ある種の実験場としていかに活用していくかという可能性も考えられると思います。例えば、海洋や環境問題に取り組む既存の大企業と新しい技術を持ったスタートアップの連携の拠点にもなり得るでしょう。私はそういった絵を描いていきたいと考え、社団法人を立ち上げ、スタートアップのビジネスコンテストを瀬戸内でやり始めています。皆さんとも連携しながら、瀬戸内が抱える課題について取り組んでいきたいです。

石川　それこそ、近代産業の負の遺産については、福武財団もかなりイノベーションをかけて取り組まれています。実際、ゴミの島と呼ばれていた豊島をアートの島に変えてしまいました。

福武　御立さんも評価されていましたが、言ってしまえば一つの妄想から始まった「海島」という構想を、ディスカッションをしつこく重ねながら、実際に図面と仕様に落とし込み、且つ実現するための規制をどうするかという具体的な話にまで到達させたことは大きな進展と言えるでしょう。皆がこの一つのテーマに対し、緩やかだけれど力強く進めていったことは非常にユニークですし、なんとなく「海島」はもうこのままうまくいきそうだなと思っています。そのため、そろそろどこかのタイミングで、瀬戸内デザイン会議として皆で取り組む次のテーマを検討した方がいいと思いました。

その一つがツーリズムなのかもしれませんし、そういったものは「海島」も含めてデザインとの相性も良いでしょう。一方で、先ほどの御立さんから提示されたようなネガティブな遺物に対してどう瀬戸内デザイン会議の力で切り込んでいき、その価値をポジティブに転換していくのかは、ハードルが高い分、おもしろいテーマだと思います。コンビナートの問題や漁協の問題、魚の問題も含めて、色々とできることはあるはず。すぐにコレというテーマが思いつくわけではありませんが、どこかのタイミングで議題にするテーマについて皆さんと議論していきたいですね。

原　御立さんから「コンビナートが廃墟になった後、その遺構をどうするのか」というテーマが出て、少しドキッとしました。僕はこの数年、「低空飛行」というプロジェクトで全国各地を巡っています。先日、瀬戸内海にある犬島に訪れ、そこにあるアートスペースや建築の撮影許可をお願いしたところ、断られてしまいました。例えばこの煙突はアートなのか建築なのかといった時、ここまでがアーティストの作品でここからが建築家の仕事という境界が曖昧らしく、撮影してはいけないと言われてしまったのです。なんてせこいことかと思ってアートも建築も撮影せず、犬島の産業遺構だけを撮らせてもらいました。でも個人的な見解で言うと、産業遺構の方がアートや建築よりも圧倒的に良かったです。

人々が旅をする目的は、温泉に浸かるといった愉楽もあると思いますが、橋本麻里さんの言葉を借りるなら、心を澄ませていく、澄み渡らせていく機会を何らかの方法で得ていくことに愉楽の中枢があるような気がします。

その意味で産業遺構は最高の聖地になれるかもしれません。わずか五年ぐらいの人間たちの激しい営みがあった後、そこにはもう何も残っていないんだけれど、その煙突に草木が生え、トンビがその上を飛び交わっている。そんなスタジオジブリの映画に出てきそうな風景を見た時、直感的な学びがあったんですね。こういったものを見ることが、旅のゴールとして非常に重要になるのではないかと。

だから、コンビナートを更地にして公園をつくったりするより、そういったものをきちんと見るべき場所にして、遺構は遺構として、廃墟は廃墟として、伊藤東凌さんが座ると絵になるような世界をつくっていくことが重要だと思います。瀬戸内はまさにそういった場所でもあるような気がします。

五回目だから言えること

福武　今回、つくづく言ったもん勝ちも大事だなと思いました。神原勝成さんが「建築トリエンナーレをやるから、皆手伝ってくれ」と言っていましたが、僕も昨日、実は既に神原さんがつくる財団の理事になっていると聞き、巻き込み力がすごいなと（笑）。でも、瀬戸内デザイン会議はせっかく様々な知見が集まる場なので、皆さんが取り組みたいプロジェクトで利用したいものがあれば、言ったもん勝ち的に「これをやるぞ」と宣言してどんどん巻き込んでいく方がいいと思います。

「せとうち建築トリエンナーレ」について言えば、建築展を開催するごとに建築を幾つかつくり、それらをそのまま残していくことで多層性を生むという、藤本さんが提案されたようなものになる場合、はたして本当に三年スパンでいいのでしょうか。例えば、ドイツのミュンスターで開催しているスカルプチャー展は一〇年に一回です。一〇年に一回つくるスカルプチャーが街にゆっくり残っていきながら、街の景観と歴史をつくっていく。街というコミュニティをつくる際、三年は結構早いスパンになるため、コミュニティ側も受け入れづらいかもしれません。特に建築であるならば、意外と五年や一〇年といった長いスパンで考えていった方が続きそうな気がします。例えば、「せとうち建築トリエンナーレ」を三年ではなく五年に一回にすれば、瀬戸内国際芸術祭は三年に一回なので、一五年に一回重なる年が出てきます。そんなハレー彗星的な交じり合いが生まれるとおもしろそうだなと思いました。

石川　ドイツのドクメンタは五年おき、イタリアのヴェネチアは二年おきですからね。福武さんが言うように一五年に一回、惑星のようにイベントが重なる年が出てくるように周期をデザインしてもいいかもしれません。
　大原あかねさんは今回の瀬戸内デザイン会議を通じていかがでしたか。

大原　この会議に来ると気付かされることが多いです。一つは、今まで私は旅行というものを考えた時、旅行者はその土地を消費する人、その土地の価値をつくるのは住んでいる人という二つにしか分かれないと思っていました。でも、今回の議論を聞いていて、単にその場所が消費されるのではなく、旅行者によって新たな価値が生まれていく可能性もあるのだと気付きました。その土地を気に入り、移住したりコミットメントする旅行者や、価値をつくっていく人たちを瀬戸内にどう取り込んでいくかが、今後大事になってくるのでしょう。
　それから藤本さんが「建築はメディアである」と言ってました。昔、この瀬戸内はそれこそ海になる前、草原でナウマンゾウが歩いてたそうです。そういった時代から人々がこの土地で暮らしていました。それで貝塚があり、遺跡がある。遺跡もその時代の人たちが生きていたことを伝えるメディアと捉えられると思います。「せとうち建築トリエンナーレ」を考える時、つくられたものそれ自体ではなく、その時代を追体験するメディアとしての建築を目指していくと、今までにないようなトリエンナーレになるでしょうね。

あと、私は瀬戸内デザイン会議で議論してほしいとずっと言い続けているテーマが、目に見えないものへの畏れについてです。私は瀬戸内海は神様と遊ぶ場所だと考えています。北海道には神様が遊ぶ場所がありますが、そこは畏れ多くて人が入れません。でも瀬戸内は神様と一緒に暮らしながら、例えば海の恵みを楽しんだり、芸術を楽しんだり、スポーツを楽しんだり、目に見えないものが近しい場所だと思うのです。だから、四国ではお遍路として八十八カ所の霊場を巡ったり、岡山にも多くの宗教が生まれている。宗教や信仰と言ってしまうと少しニュアンスが違うのですが、そういった目に見えないものへの畏れと感謝についても議論できたらおもしろいと思います。

石川　是非次回はそのあたりをカリキュラムに入れていきましょう。

神原勝　「トリエンナーレをやります」と皆さんの前で発表しましたけれど、

周期などの具体的なことはまだこれからです。今回、「海島」構想が進展し、「せとうち建築トリエンナーレ」とＶＶＩＰウェルカムの旅行会社といったプロジェクトを実践に移す段階になり、とても良かったと思っています。

何度も言いますが、「ガンツウ」で開催したプレ会議から入れると今回で五回目なんです。先ほど御立さんが言っていたように、本当の意味で仲間と気持ちがつながり出したと思っています。しつこく五回もやってよかったし、こういった関係になるためにはやはり五年くらいはかかるのでしょう。

瀬戸内デザイン会議の二冊目の書籍では、私の肩書きは「いまだ蟄居中」でしたが、これから財団を立ち上げることになり、やっと名刺が持てるようになりました。大原さんにも昨日お願いしましたし、先ほど福武さんも言っていましたが、「財団の理事をやってよ」とお願いすると、「わかりました」と心よく引き受けてくれます。普通は恐縮して頼めませんけれど、もう五回目だから言えるわけです。三回目くらいでお願いしていたら、たぶん断られるでしょう。やはり回数を重ねてしつこくやり、この瀬戸内デザイン会議が継続していることには意味があると思いました。

……とはいえですよ。皆さん、松田哲也さんをいじり過ぎですよ（笑）。広島県下で松田哲也をいじる人は中々いません。ましてや哲也さんのプレゼンテーションを写真に撮り、その写真にバツなんてつけるなんて、ダメ。ゼッタイ（笑）。でも、そういったことが言える関係性ができたことも、今回の会議での大きな収穫だと思いました。

小林　哲也さんをフォローするわけではありませんが、現在、中東のサッカー界がクリスティアーノ・ロナウドやネイマールなどのスター選手を集め始めています。なぜかと言うと、彼らの原油ビジネスができなくなる前に新しいビジネスをつくろうとしているからです。そんな国として産業のトランスフォーメーションに取り組んでいるという意味では、日本も見習ってもいいでしょうね。

原　「せとうち建築トリエンナーレ」も楽しみですが、僕も神原さんから「原さん、瀬戸内で〈HOUSE VISION〉をやったらどうですか」と言われました。「HOUSE VISION」は住宅という商品の未来形を展示するイベントではありません。家とは住宅産業だけでなく、エネルギー、物流、通信、医療、観光、コミュニティなど、様々な産業の交差点となるものです。ライフスタイルが多様化してきた時代だからこそ、自分の暮らしをどうやって自分自身でつくっていくかということに対するリテラシーを高度化させることで、その国の文明は進展していくはずです。その意味で、家を基軸に僕らの未来を考え、それまで各産業が個別に考えていた未来を交差させていく。それを原寸大の家として可視化することで、来場者が未来を等身大で再考できるきっかけや学びを得られる機会にしたいのです。

だから、瀬戸内で「HOUSE VISION」をやるのであれば、瀬戸内ならではの土地や産業を踏まえた上で、どんな暮らしができるのかを考える必要があります。勿論、船の上に家があるといったことも考えられるでしょう。そんなローカルに根差した「HOUSE VISION」を構想できたらおもしろいかなと思いました。

次回予告

石川　今回はハードな議論が多かったという意見がありましたが、前々回のフェリー篇でソフト面を育てる学校が話題にあがりました。例えば、岡雄大さんが取り組んでいる瀬戸田での活動の展望として学校をつくりたいという話がありましたし、御立さんからもサービス業に特化したサービス高専をつくってはどうかというアイデアも出てましたよね。梅原真さんのしまんと分校は既に実践に移されている先行事例でしょう。

そこで、次回の二〇二四年の瀬戸内デザイン会議は、岡さんが拠点とする瀬戸田で教育について議論をしたいと考えています。

岡　瀬戸田の特色はやはりローカルです。ある意味、地べたに近いと言いますか、街がフィジカルに海面と同じレベルにあります。歩いて回れるし、手触りもあり、地元のおっちゃんやおばあちゃんにも気軽に話し掛けられる距離感の地域です。

瀬戸田がある生口島《いくちじま》にはレモンや柑橘系の農家が多いのですが、現在、農協に売る体制がまかり通ったせいで、島の土壌が非常に弱っています。先ほどの御立さんが課題として挙げていたコンビナートの話にも似ていますが、単一農業をやってきてしまったおかげで、土壌が弱って二酸化炭素を吸わなくなってきているのです。更に言えば、農薬が処理されず海に流れ出ている。そんな生態系が崩れ始めてる状況が日々進行していることを、私たちもそこで生活しながら感じています。

地べたに近い、土も近いというローカルな場所なので、私がテーマにしていきたいのは、いかに土壌環境生態系を再生させた上で、そこから教育を通して瀬戸内を盛り上げる人材を輩出していくかです。瀬戸田という街にとっても、瀬戸内や日本にとっても、これは必要なプロセスだと思っていますので、是非、そんなテーマを皆さんと議論していきたいと思っています。

原　次の会場は瀬戸田です。単に教育というより、地域で働く人たちがいかなる知的背景、あるいは能動性を身に付けていくべきかを、そろそろ真剣に考えていかなければいけません。高校や大学といった高等教育があまり機能しないとわかり始めているので、人間の能動性はどうすれば高められるのかを考えていきたいです。岡さんはそのあたりを瀬戸田という街の開発やコミュニティとの関わりの中で相当考えていると思います。おそらく梅原真さんが実践しているしまんと分校の背景にも同様の考え方があるのでしょう。

また今回の会議を経て、もう富裕層という言葉を使わないようにしようと反省しました。チームCの発表にあった「多層性ツーリズム」という考え方はすごく的を射ていると思いました。そもそもラグジュアリーとは、世界中のお金持ちに傅《かしず》くことではなく、来るべき神々をお迎えするというか、そういった求心力を持つことなのかもしれません。大原さんの目に見えないものへの畏れという話にも通じると思いますが、プレートの運動で揉みしだかれた日本列島という激しい環境の中で、自然には敵わないと思った民族が自然に対する畏れを抱きつつ、その自然を受け入れていく様相が、世界を見ても他にない場の空気をつくり、日本のラグジュアリーを生んでいる。瀬戸内は、そういった畏れをこれからもどうやって大事にしていくかを再考していく場所だと思います。

僕は岡山県出身なので、中学生の頃から夏になると白石島や北木島にキャンプに行っていました。浜に行って何をするというわけでもなく、友人とひたすら駄弁っている。三日目ぐらいになると今度はひたすら黙っている。そんなことが意外と楽しくてしょうがなかったです。瀬戸内では、無言の中でも自然の素晴らしさを体験することができるし、それを再確認したくて、「海島」についても議論しているのだと思います。それはここにいる皆さんとの共通認識だと思うので、「海島」はいわゆる富裕層向けのツーリズムを実現する手段ではないと肝に銘じながら、実現に向けて引き続き議論していけたらと思っています。

以上で、第四回瀬戸内デザイン会議を閉幕します。皆さん、ありがとうございました。

ファウンダー

原 研哉｜Kenya Hara

デザイナー
株式会社日本デザインセンター 代表

一九五八年生まれ。グラフィックデザイナー。日本デザインセンター代表取締役社長。武蔵野美術大学教授。世界各地を巡回し、広く影響を与えた「RE-DESIGN：日常の21世紀」展をはじめ、「JAPAN CAR」「HOUSE VISION」「Ex-formation」など既存の価値観を更新するキーワードを擁する展覧会や教育活動を展開。また、長野オリンピックの開・閉会式プログラムや、愛知万博のプロモーションでは、深く日本文化に根ざしたデザインを実践した。二〇〇二年より無印良品のアートディレクター。活動領域は極めて広いが、透明度を志向する仕事で、松屋銀座、森ビル、蔦屋書店、GINZA SIX、MIKIMOTO、ヤマト運輸などのVIを手がける。外務省「JAPAN HOUSE」では総合プロデューサーを務める。二〇一九年七月にウェブサイト「低空飛行」を立ち上げ、個人の視点から、高解像度な日本紹介を始め、観光分野に新たなアプローチを試みている。

神原勝成｜Katsushige Kambara

一般財団法人神原・ツネイシ文化財団 代表理事

一九六八年広島県福山市生まれ。一九九一年常石造船株式会社 取締役。一九九八年常石造船株式会社 代表取締役社長就任。二〇〇七年ツネイシホールディングス株式会社 代表取締役社長を経て、二〇一一年せとうちホールディングス株式会社設立。町おこしを中心とした事業展開をしつつ、祖父が開いた宗教法人神勝寺の伽藍の再整備、臨済宗中興の祖である白隠禅師の禅画のコレクションをはじめ、禅と庭のミュージアムなど建築分野まで色々と幅広く手がけすぎて蟄居をしていたが今年に入って蟄居は解除。神原・ツネイシ文化財団を設立。代表理事を務める。

石川康晴｜Yasuharu Ishikawa

イシカワホールディングス株式会社 代表取締役社長
公益財団法人石川文化振興財団 理事長

一九七〇年岡山県生まれ。岡山大学経済学部卒。京都大学大学院経営学修士（MBA）。二三歳でアパレル製造・販売会社、クロスカンパニー（現・株式会社ストライプインターナショナル）を創業。二〇一一年からコンセプチュアルアートを中心に現代アートのコレクションを開始し、二〇一四年には公益財団法人石川文化振興財団を設立。二〇二二年秋に開催された国際現代美術展「岡山芸術交流」では第一回、第二回に引き続き総合プロデューサーを務め、地元岡山の文化や経済振興にも取り組んでいる。

メンバー

※尾道・福山篇開催時点（二〇二三年八月）

青井 茂｜Shigeru Aoi

株式会社アトム 代表取締役社長

一九七七年東京都生まれ。慶應義塾大学経済学部卒業。デロイト・トーマツ・コンサルティングにて特殊法人の民営化プロジェクトなどを担当。その後、産業再生機構にて企業の再生案件に従事。二〇一九年に株式会社アトム代表取締役社長に就任。同年、「地方覚醒」を目標としたまちづくり会社、富山県・株式会社TOYAMATO、長崎県・株式会社IKASAGANを立ち上げる。二〇一四年に元厚生労働省の官舎をリノベーションした「コートヤード HIROO」をオープンした他、宿泊施設やレストラン「Sabasu」などを手がけ、これからの社会における不動産価値を模索しながら世界を回り続けている。

青木 優｜Yu Aoki

株式会社MATCHA 代表取締役社長

一九八九年東京都生まれ。明治大学国際日本学部卒。株式会社MATCHA 代表取締役社長。内閣府クールジャパン・地域プロデューサー。学生時代に世界一周の旅をし、二〇一二年ドーハ国際ブックフェアーのプロデュース業務に従事する。デジタルエージェンシーaugment5 inc.に勤めた後、独立。二〇一四年二月より訪日外国人観光客向けWEBメディア「MATCHA」の運営を開始。「MATCHA」は現在一〇言語、世界一八〇ヶ国以上からアクセスがあり、様々な企業や県、自治体と連携し海外への情報発信を行っている。

伊藤東凌｜Toryo Ito

臨済宗建仁寺派両足院 副住職
株式会社InTrip 代表取締役僧侶

一九八〇年生まれ。建仁寺僧堂にて三年間の修行後、両足院に入寺。二〇〇八年副住職に就任後、ヨガ、アート、伝統文化を組み合わせ新しい仏教の表現を提案し続けている。二〇二〇年七月には瞑想アプリ「InTrip」を立ち上げ、同名の株式会社の代表取締役僧侶に就任する。二〇二〇年よりサンフランシスコ化粧品会社と香港ウェルネステック会社の「Well being Mentor」を務める。国内企業のエグゼクティブコーチングも複数担当する。ホテルの空間デザイン、アパレルブランド、モビリティなどの監修実績多数。最新の著書に『忘我思考 一生ものの「問う技術」』(日経BP、二〇二三年)がある。

梅原 真｜Makoto Umebara

デザイナー
梅原デザイン事務所 代表
武蔵野美術大学 客員教授

高知市生まれ。高知というローカルに拠点を置き「一次産業×デザイン＝風景」という方程式で活動する。かつおを藁で焼く「一本釣り・藁焼きたたき」。柚子しかない村の「ぽん酢しょうゆ・ゆずの村」。荒れ果てた栗の山から「しまんと地栗」。「地域」のデザインでは、砂浜しかない町の巨大ミュージアム「砂浜美術館」。秋田県の「あきたびじょん」。島根県の離島・海士町の生き方「ないものはない」のプロデュースなど。現在、しまんと川流域の農業をブランディングする新しいプロジェクト「しまんと流域農業organic」進行中。「土地の力を引き出すデザイン」で2016毎日デザイン賞・特別賞。武蔵野美術大学客員教授。

大原あかね｜Akane Ohara

公益財団法人大原美術館 代表理事
株式会社三楽 取締役副会長

一九六七年九月生まれ。一橋大学経済学部卒業。青山学院大学大学院国際政治経済学研究科修了。二〇〇〇年大原美術館理事、二〇一一年同専務理事として館の運営に携わる。二〇一六年七月、五代目の理事長に就任。現在、財団代表として法人の経営にあたる傍ら、社会福祉法人若竹の園理事長、公益財団法人有隣会理事、公益財団法人倉敷民藝館理事、公益財団法人倉敷考古館代表理事、公益財団法人大原記念倉敷中央医療機構評議員、などを兼務。倉敷市在住。

大本公康｜Kimiyasu Omoto

株式会社Big Book Entertainment
代表取締役

一九六八年広島県福山市生まれ。一九九〇年ノリタケカンパニーリミテド入社。一九九七年ツネイシグループ入社。二〇〇〇年株式会社ジンダイニング専務取締役、二〇一五年株式会社ツネイシＬＲ取締役、同年株式会社せとうちクルーズ副社長、二〇一八年株式会社ＴＬＢ代表取締役を経て現在に至る。二〇二一年尾道観光大使となり地域に根ざした事業を展開している。

岡 雄大｜Yuta Oka

株式会社Staple 代表取締役
株式会社Azumi Japan 共同代表

岡山に生まれ、米コネチカットと東京で育つ。育つ過程で触れた世界の多様性や、旅をする中で触れた日本の地域ごとの文化的ルーツの複雑性に魅了され、旅をし続けることを仕事にしたいと考えるようになる。東京の大学卒業後は、スターウッドキャピタルグループの東京及びサンフランシスコオフィスで不動産やホテルブランドへの投資業務に従事。その後シンガポールで独立し、ホテルブランドへの投資戦略や経営企画に関するコンサルティングを行うが、二〇一九年からStapleを創業。広島県瀬戸田と東京都日本橋に拠点を置き、都市一極集中ではない社会や、「成長なき繁栄」を見据えた場やまちの企画・開発・運営を目指す。

加計 悟｜Satoru Kake

倉敷芸術科学大学 副学長

一九七七年岡山県岡山市生まれ。鹿児島大学獣医学科卒業。千葉県の動物医療センター勤務後、倉敷芸術科学大学教員として勤務。動物系学科で教鞭をとり研究の他、大学の管理運営担当副学長、法人本部の事務局次長、学校法人広島加計学園・副理事長、学校法人英数学館・副理事長として学園グループの運営に携わる。教育と地域との連携を常に念頭に置いて事業に取り組む。専門は獣医薬理学。

神原秀明｜Hideaki Kambara

株式会社せとうちクルーズ 取締役会長

一九七〇年広島県福山市生まれ。一九九五年大浜リゾート開発株式会社 取締役。同年境ガ浜マリンアンドクルーズ株式会社 代表取締役に就任。二〇〇〇年以降、株式会社ジン・ダイニング 代表取締役社長を歴任するなど、常石グループのサービス事業セグメントを一手に手がけ成長させる。現在は、株式会社せとうちクルーズ 取締役会長。ベラビスタスパ&マリーナ尾道、Onomichi U2、ガンツウ、LOGなど地元地域に根ざした事業を展開中。

黒川周子｜Chikako Kurokawa

株式会社esa 代表取締役社長

一九九四〜二〇〇四年英国に留学。Social Anthropology 学士。二〇〇四〜二〇〇六年米国にも住まう。二〇〇八年くろかわちかこ事務所を設立し、飲食コンサルティング、ケータリング等、食に関わる仕事に従事。東日本大震災を契機に、二〇一一年チームカーネーションズを設立。環境保全や教育に注力したチャリティー活動を行う。二〇二二年株式会社esaを設立、環境マネジメントに携わる。同年より、江戸東京きらりプロジェクト推進委員着任。江戸東京の伝統ある技や老舗の産品等を新たな視点で磨きをかけ、その価値と魅力を国内外に発信。技の継承の実現を目指す。

桑村祐子｜Yuko Kuwamura

株式会社高台寺和久傳 代表取締役社長

京都府、丹後半島の生まれ。ノートルダム女子大卒業後、大徳寺の塔頭で二年間住み込み修業。一九九〇年より家業の料亭「高台寺和久傳」女将修行を始める。二〇〇七年に「高台寺和久傳」の代表取締役に就任。明治三年創業の料理旅館がルーツの老舗ながら、革新的なおもてなしで料亭文化の新しい時代を切り開く「和久傳」を率いる。郷里の丹後をこよなく愛し、植樹による森の再生活動から成る「和久傳の森」、食品会社やレストランを運営する紫野和久傳の取締役を務める。

小島レイリ｜Reiri Kojima

芸術・文化コンサルタント

東京藝術大学博士課程修了（学術博士）。広報文化外交、営利・非営利両分野、そして学術的バックグラウンドを持つアート・文化プロフェッショナルとして、国内外の第一線で活躍。ジャンルを超えて様々なプロジェクトにコーディネーター、コンサルタント、プロデューサーとして関わる。アジア唯一のGoogle Arts & Culture Braintrust創立メンバー、米国カーネギーホール・ノータブルズジャパン創立運営委員などを歴任。外務省ジャパン・ハウス事業創立メンバーとして、企画総括及び巡回展設立・統括を担当後、教育スタートアップGakkoカントリーマネージャー、独立行政法人日本芸術文化振興会日本博事務局広報統括、羽田未来総合研究所アート&カルチャー事業部長を経て、現在、インディペンデント・コンサルタントとして、国内外の芸術・文化プロジェクトに従事している。

白井良邦 | Yoshikuni Shirai

編集者／慶應義塾大学SFC特別招聘教授
株式会社アプリコ・インターナショナル 代表取締役
ひろしま国際建築祭 総合ディレクター

一九九三年株式会社マガジンハウス入社。雑誌『POPEYE』『BRUTUS』編集部を経て、『CasaBRUTUS』には一九九八年の創刊準備から関わる。二〇〇七年〜二〇一六年Casa BRUTUS副編集長。建築や現代美術を中心に担当し、「丹下健三特集」「安藤忠雄特集」、書籍『杉本博司の空間感』、連載「櫻井翔のケンチクを学ぶ旅」などを手がける。二〇一七年より「せとうちクリエイティブ&トラベル」代表取締役を務め、客船guntû（ガンツウ）など、瀬戸内海での富裕層向け観光事業に携わる。二〇二〇年夏、編集コンサルティング会社である株式会社アプリコ・インターナショナル設立。出版の垣根を越え、様々な物事を〝編集〟する事業を行う。著書に『世界のビックリ建築を追え』（扶桑社）など。

神 義一 | Yoshikazu Jin

グローブス株式会社 代表取締役社長

一九七九年東京都足立区生まれ。三井不動産リアルティ株式会社に二〇年間勤務。うち一八年間、富裕層向けビジネスに従事。二〇〇八年不良債権化した不動産を流通させるため、一棟賃貸マンションの区分化分譲を事業化。二〇一五年に日本初となるブランデッドホテル分譲を事業化。フォーシーズンズホテルレジデンス京都、パークハイアットニセコHANAZONOレジデンス、AMANEMなどを担当。二〇二二年広島県尾道市にてグローブス株式会社を創業。ラグジュアリーホテルの開発・分譲から販売までを行う。日本の食、芸術、伝統文化をホテルという器で表現をし、地域に貢献している。

須田英太郎｜Eitaro Suda

scheme verge株式会社 Co-Founder／Chief Business Development Officer

東京大学大学院総合文化研究科修了。内閣府戦略的イノベーション創造プログラム（SIP）自動運転における社会受容性調査に参加。香川県小豆島にて地域住民と自動運転について対話を進めるなかで出てきた「実際に事業をやって欲しい」という声をうけて、地元事業者やAI特化型のインキュベーター等からの出資をもとに二〇一八年にscheme verge株式会社を共同創業。都市工学とデータサイエンスを組み合わせてオペレーションに落とし込むノウハウを活かし、エリア活性化に関わるプロセスの再現性向上と、データによる改善判断の効率化・自動化に取り組む。共著に『モビリティと人の未来―自動運転は人を幸せにするか』（平凡社）がある。

角南　篤｜Atsushi Sunami

公益財団法人笹川平和財団　理事長

一九六五年岡山県生まれ。公益財団法人笹川平和財団理事長、政策研究大学院大学学長特命補佐・客員教授、昭和音楽大学学長、早稲田大学ナノ・ライフ創新研究機構客員教授。専門は科学技術・イノベーション政策。内閣府参与を経て、現在、内閣府沖縄振興審議会会長、文部科学省日本ユネスコ国内委員会副会長、内閣官房経済安全保障法制に関する有識者会議委員、内閣府宇宙政策委員会基本政策部会委員等を務める。民間においては、国連海洋科学の10年国内委員会共同座長、NIKKEIブルーオーシャン・フォーラム有識者委員会共同座長、JAXA宇宙戦略基金プログラムオフィサー、JAXA衛星地球観測コンソーシアム会長、月面産業ビジョン協議会共同座長等を務める。コロンビア大学政治学博士（Ph.D.）、ジョージタウン大学外交学学士（BSFS）。

高橋俊宏｜Toshihiro Takahashi

株式会社ディスカバー・ジャパン
代表取締役社長／Discover Japan統括編集長

岡山県生まれ。建築やインテリア、デザイン系のムックや書籍など幅広いジャンルの出版を手がけたのち、二〇〇八年に日本の魅力を再発見をテーマにした雑誌『Discover Japan』を創刊。編集長を務める。二〇一八年十一月に株式会社ディスカバー・ジャパンを設立し、代表取締役社長兼統括編集長を務める。雑誌メディアを軸に、イベントや場づくりのプロデュース、デジタル事業や海外展開など積極的に取り組んでいる。現在、環境省グッドライフアワード実行委員、九州観光まちづくりアワード審査員、長門市長門湯本温泉みらい振興評価委員、高山市観光経済アドバイザー、高山市メイド・バイ・飛騨高山ブランド認証委員会委員長など務める。NHKラジオ「マイあさ！」に隔月でゲスト出演、JFN「オーハッピーモーニング」に毎月ゲスト出演中などメディアを超えて、日本の魅力、地方の素晴らしさを発信中。

長坂 常｜Jo Nagasaka

建築家
スキーマ建築計画 代表

一九九八年東京藝術大学卒業後にスタジオを立ち上げ、現在は北参道にオフィスを構える。家具から建築、そして町づくりまでスケールも様々、そしてジャンルも幅広く、住宅からカフェ、ショップ、ホテル、銭湯などを手掛ける。どのサイズにおいても1／1を意識し、素材から探求し設計を行い、国内外で活動の場を広げる。日常にあるもの、既存の環境のなかから新しい視点や価値観を見出し「引き算」「誤用」「知の更新」「見えない開発」「半建築」などの考え方を提示し、独自の建築家像を打ち立てる。主な作品に「SAYAMA FLAT」（二〇〇八年）、「FLAT TABLE」（二〇〇九年）、「Aesop Aoyama」（二〇一〇年）、「ブルーボトルコーヒー京都カフェ」、「HAY TOKYO」（共に二〇一八年）、「D&DEPARTMENT JEJU by ARARIO」、「武蔵野美術大学16号館」（共に二〇二〇年）、「独忘＋EL AMIGO」（二〇二一年）等がある。著書に『半建築』（フィルムアート社）など。

西山浩平｜Kohei Nishiyama

株式会社CUUSOO SYSTEM
代表取締役社長

兵庫県神戸市生まれ。東京大学在学中に桑沢デザイン研究所で工業デザインを学ぶ。同大卒業後、マッキンゼー・アンド・カンパニーを経て一九九七年に起業。翌年ELEPHANT DESIGN HOLDINGS設立。二〇一一年にユーザー参加型オンラインプラットフォーム事業を株式会社CUUSOO SYSTEMとして子会社化。現在は国内外のインターネット事業への投資、事業育成に携わっている。グッドデザイン賞審査員、世界経済フォーラムのThe Global Agenda Councilメンバー、内閣府「知的財産による競争力強化・国際標準化専門調査会」委員など幅広い分野で活躍。東京大学大学院工学系研究科先端学際工学専攻博士課程修了（工学博士）。

橋本麻里｜Mari Hashimoto

公益財団法人小田原文化財団
甘橘山美術館開館準備室長

公益財団法人小田原文化財団 甘橘山美術館開館準備室長、金沢工業大学客員教授。一九七二年生まれ。国際基督教大学卒業。日本美術を主な領域とする執筆・編集、展示の企画、コーディネーション、コンサルティング等に携わる。現在は〈オンラインゲーム 刀剣乱舞〉の設定・考証や、ＪＡＬ日本美術カレンダー（二〇二一～二五年）の構成、ポルトム・インターナショナル北海道（ホテル）での美術作品選定・制作・設置のディレクション、展覧会「北斎尽くし」（二〇二一年七月～）の企画、株式会社ドワンゴによるインターネット番組「ニコニコ美術館」の企画・出演など、活動内容は多岐にわたる。編著書多数。

福武英明｜Hideaki Fukutake
株式会社ベネッセホールディングス 取締役会長
公益財団法人福武財団 理事長

ベネッセホールディングス取締役会長。また福武財団の理事長として、直島を中心に瀬戸内海の島々において現代アートや建築、デザインを通したコミュニティづくりや文化活動を展開中。二〇〇九年ニュージーランドにてefu Investmentの設立後、投資事業、企業買収を実施。二〇二〇年Still Ltdを創業し、様々な事業やイニシアティブを通して、世代を超えて残る新しい文化を興す活動に取り組む。

藤本壮介｜Sou Fujimoto
建築家／藤本壮介建築設計事務所 代表

一九七一年北海道生まれ。東京大学工学部建築学科卒業後、二〇〇〇年藤本壮介建築設計事務所を設立。二〇一四年フランス・モンペリエ国際設計競技最優秀賞（ラルブル・ブラン）に続き、二〇一五、二〇一七、二〇一八年にもヨーロッパ各国の国際設計競技にて最優秀賞を受賞。国内では、2025年 日本国際博覧会の会場デザインプロデューサーに就任。二〇二一年には飛騨市の「Co-Innovation University（仮称）」キャンパスの設計者に選定される。主な作品に「House of Music」（二〇二一年）、「マルホンまきあーとテラス石巻市複合文化施設」（二〇二一年）、「白井屋ホテル」（二〇二〇年）、「L' Arbre Blanc」（二〇一九年）、「サーペンタイン・ギャラリー・パビリオン 2013」（二〇一三年）、House NA（二〇一一年）、「武蔵野美術大学 美術館・図書館」（二〇一〇年）、「House N」（二〇〇八年）等がある。

松田哲也｜Tetsuya Matsuda

ヒロマツホールディングス株式会社
代表取締役会長兼CEO

一九六九年広島県広島市生まれ。関西大学法学部卒業。株式会社神戸マツダ勤務を経て、一九九五年に株式会社広島マツダ入社。二〇〇六年、六代目社長に就任。二〇一六年、広島の新たな観光名所「おりづるタワー」をオープンするなど、既存の枠に囚われない独特のビジネス手法で事業多角化を進め、国内外に現在三〇以上のグループ企業を抱える。二〇二三年、ホールディングス化へと移行し更なる成長戦略を図る。また、二〇〇九年に一般社団法人広島青年会議所（広島JC）理事長、二〇一三年に広島商工会議所青年部（広島YEG）会長を歴任するなど、地域振興と社会貢献にも情熱を燃やす。著書『2045年、おりづるタワーにのぼる君たちへ』（ザメディアジョン、二〇一九年）がある。

松田敏之｜Toshiyuki Matsuda

両備ホールディングス株式会社 代表取締役社長

一九七八年岡山県岡山市生まれ。二〇〇三年中央大学経済学部卒業、住友信託銀行（のちの三井住友信託銀行）入社。二〇〇八年両備システムズ入社、二〇一九年両備ホールディングス代表取締役社長就任、両備システムズ代表取締役社長を含む二三社の代表取締役を務める。社長就任にあたり社員へ送ったメッセージは、仲間と共に「想像もつかない世界へ」。以後、M&A、新事業立ち上げ、既存事業の改革、不動産事業の強化、ミャンマーやベトナムで物流チェーン網を事業化するなど海外へも進出。経常利益一〇〇億を超える企業グループに育て上げた。瀬戸内・岡山の発展を常に考え、二〇二二年には岡山駅近くに大型複合施設をグランドオープン、「住む人、働く人、訪れる人、みんなが幸せになる街づくり」を目指す。

御立尚資｜Takashi Mitachi

ボストン・コンサルティング・グループ 元日本代表
京都大学 経営管理大学院 特別教授
株式会社熟と燗 代表取締役会長

一九五七年兵庫県西宮市生まれ。京都大学文学部米文学科卒業。ハーバード大学にて経営学修士（MBA with High Distinction, Baker Scholar）を取得。日本航空株式会社を経て、一九九三年にボストン・コンサルティング・グループ（BCG）に入社。二〇〇五年から二〇一五年まで日本代表、二〇〇六年から二〇一三年までBCGグローバル経営会議メンバーを務める。現在は、京都大学大学院で教鞭をとりながら、熟成日本酒に特化したスタートアップ「熟と燗」会長、複数の上場企業の社外取締役を務める。大原美術館理事、東京芸術大学経営評議員など、アートに関わる仕事も。

尾道・福山篇
ゲスト

ビジョイ・ジェイン｜Bijoy Jain

建築家／スタジオ・ムンバイ 代表

一九六五年インドのムンバイ生まれ。ロサンゼルスとロンドンで実務経験後、一九九五年にインドに戻り、スタジオ・ムンバイを設立。現在、スイスのMendrisioにある建築アカデミーで教鞭をとっている。また、イェール大学やデンマーク王立芸術建築アカデミーでも客員教授として教鞭をとっている。二〇一五年、建築界への貢献が認められ、ベルギーのハッセルト大学から名誉博士号を授与された。二〇一七年にはロンドンのRIBAからインターナショナル・フェローシップを授与された。二〇一八年、（アジア）日本国内初の建築プロジェクトとして尾道の多目的スペース「ＬＯＧ」がオープン。スタジオ・ムンバイは学際的なグループとして運営され、反復的なプロセスから生み出される環境を共有している。そこでは、プロセスや時間を表現に不可欠な要素としてアイデアを探求し、水、空気、光は作品の合成におけるすべての物質性の基礎となっている。

吉田挙誠｜Takanobu Yoshida

株式会社せとうちクルーズ ガンツウ事業部
総支配人／元ＬＯＧ事業責任者

一九八〇年、兵庫県神戸市生まれ。東京マザーズ一部上場企業の外食企業に入社。その後、東京の外資系ホテルを経て広島県福山市に移り、ベラビスタ境ガ浜（現：ベラビスタ スパ＆マリーナ 尾道）のリノベーションプロジェクト・新規開業メンバーとして携わる。二〇一二年、事業と雇用の創出を目的に地域と連携してまちづくりをする株式会社ディスカバーリンクせとうち入社、株式会社ONOMICHI U2の取締役を歴任し、事業運営に参画。二〇一六年一二月には「ＬＯＧ」の運営会社となる、株式会社se-edを立ち上げ、代表取締役社長に就任。その後、せとうちクルーズの中核事業である客船ガンツウの事業責任者となり現在に至る。

堀部安嗣｜Yasushi Horibe

建築家／堀部安嗣建築設計事務所 代表

一九六七年神奈川県横浜市生まれ。一九九〇年筑波大学芸術専門学群環境デザインコース卒業。一九九一～九四年益子アトリエにて益子義弘に師事。一九九四年堀部安嗣建築設計事務所を設立。二〇〇二年第一八回吉岡賞を「牛久のギャラリー」で受賞。二〇一六年日本建築学会賞（作品）を「竹林寺納骨堂」で受賞。二〇二一年、2020毎日デザイン賞受賞。二〇二二年、放送大学教授。代表作に「南の家」（一九九五年）、「ある町医者の記念館」（一九九五年）、「伊豆高原の家」（一九九八年）、「KEYAKI GARDEN」（二〇〇八年）、「イヴェール　ボスケ」（二〇一二年）、「阿佐ヶ谷書庫」（二〇一三年）、「竹林寺納骨堂」（二〇一三年）、「鎌倉山集会所」（二〇一五年）、客船「ガンツウ」（二〇一七年）など。

小林史明｜Fumiaki Kobayashi

衆議院議員

一九八三年生まれ。広島県福山市出身。二〇一二年十二月 第四十六回衆議院議員総選挙で広島県第七区に自由民主党から出馬し初当選、現在四期目「テクノロジーの社会実装で、多様でフェアな社会を実現する」を政治信条とし、規制改革に注力。テクノロジーの進展により、時代に合わなくなった規制の改革に特に注力している。第一次岸田内閣・第二次岸田内閣ではデジタル副大臣兼内閣府副大臣として、規制改革、行政改革、個人情報保護、サイバーセキュリティ、PPP/PFIを担当しながら、デジタル臨調事務局長も務めた。

本文中の図版は下記提供
または提供元、出典元より引用し、
一部改変して作図

日本デザインセンター 原デザイン研究所｜p.015, 016, 020
伊藤毅「都市の中世―その原型と謎」『季刊大林　No.62』｜pp.036-037
ツネイシホールディングス株式会社｜pp.048-049
巽好幸『「美食地質学」入門～和食と日本列島の素敵な関係』光文社新書（二〇二二年）｜p.074
LOG｜pp.102-103
堀部安嗣｜p.146, 150上
日本政府観光局（JNTO）｜p.163-164
©Sou Fujimoto Architects｜p.200, 205-207
スキーマ建築計画｜p.231
株式会社Staple｜p.235, 236
ヒロマツホールディングス株式会社｜p.243, 245-246

写真・CG提供

パブリックドメイン｜p.011, 173
原研哉｜p.012, 018, 021, 022
深尾大樹｜p.013
真正極楽寺｜p.030
草戸千軒町遺跡空中写真（第36·37次調査区 南西から）、広島県立歴史博物館 画像提供｜p.038
草戸千軒展示室 実物大復原模型（全景）、広島県立歴史博物館 画像提供｜p.039
ベラビスタ スパ&マリーナ 尾道｜p.047
©guntû｜p.048, 060, 145
ツネイシホールディングス株式会社｜p.052右
長谷川健太｜p.052左
SKY TREK｜p.053
LOG｜p.056右中, 093, 095, 098-099,104-107, 124, 126
Nobutada OMOTE｜p.056右下
鈴木研一｜p.056左上, p.097, 137上
ONOMICHI U2｜p.056左中
Nacasa & Partners Inc.｜p.059
白井良邦｜pp.063-066
Photo by Brice Vandermeeren Courtesy Galerie 47｜p.070
ヒロマツホールディングス株式会社｜p.083, 247-248
ビジョイ・ジェイン｜pp.100-101, 110
高塚遼｜p.128
堀部安嗣｜p.137下, 141, 142-143,147-148, 149上, 150下, 170-171, 176
香川県さぬき市Webサイト（https://www.city.sanuki.kagawa.jp/wp-content/uploads/2023/07/sanukicity_tokinonaya.pdf）｜p.149下
青木優｜p.168
両備ホールディングス｜p.172
農林水産省Webサイト（https://www.maff.go.jp/j/keikaku/syokubunka/k_ryouri/search_menu/menu/42_15_hiroshima.html）｜p.183

瀬戸内デザイン会議事務局

株式会社 三暁｜p.193
福山市立中央公園｜p.194
©Sou Fujimoto Architects｜pp.202-204
©Sou Fujimoto｜p.229
伊丹豪｜p.230
関拓弥｜p.269

松野 薫
日本デザインセンター 原デザイン研究所

鍋田宜史
日本デザインセンター プロデュース本部

百目鬼竜治
日本デザインセンター 原デザイン研究所

海のシナリオ
瀬戸内デザイン会議――4
2023 尾道・福山篇

二〇二四年十二月十六日　初版第一刷発行

編者　瀬戸内デザイン会議
発行者　佐藤央明
発行　株式会社日経BP
発売　株式会社日経BPマーケティング
〒一〇五-八三〇八
東京都港区虎ノ門四丁目三番一二号

ブックデザイン　原 研哉＋中村晋平
編集　関 拓弥
百目鬼竜治
日経デザイン

印刷・製本　大日本印刷株式会社

ISBN 978-4-296-20689-6　Printed in Japan